Informatik aktuell

Herausgeber: W. Brauer
im Auftrag der Gesellschaft für Informatik (GI)

Springer

Berlin
Heidelberg
New York
Barcelona
Hongkong
London
Mailand
Paris
Singapur
Tokio

Peter Holleczek (Hrsg.)

PEARL 99
Multimedia und Automatisierung

Workshop über Realzeitsysteme

Fachtagung der GI-Fachgruppe 4.4.2
Echtzeitprogrammierung, PEARL
Boppard, 25./26. November 1999

Springer

Herausgeber

Peter Holleczek
Regionales Rechenzentrum
der Universität Erlangen-Nürnberg
Martensstraße 1, D-91058 Erlangen

Programmkomitee

R. Baran	Hamburg
W. Gerth	Hannover
W. A. Halang	Hagen
H. Kaltenhäuser	Hamburg
K. Mangold	Konstanz
H. Rzehak	München
D. Sauter	München
B. Scherff	Viersen
G. Thiele	Bremen
H. Windauer	Lüneburg

Die Deutsche Bibliothek - CIP-Einheitsaufnahme

Multimedia und Automatisierung : Fachtagung der GI-Fachgruppe
4.4.2 Echtzeitprogrammierung, PEARL, Boppard, 25./26. November
1999 / PEARL '99, Workshop über Realzeitsysteme. Peter Holleczek
(Hrsg.). - Berlin ; Heidelberg ; New York ; Barcelona ; Hongkong ;
London ; Mailand ; Paris ; Singapur ; Tokio : Springer, 1999
   (Informatik aktuell)
   ISBN-13: 978-3-540-66700-1   e-ISBN-13: 978-3-642-59704-6
   DOI: 10.1007/978-3-642-59704-6

CR Subject Classification (1999): C.3, D.4.7

ISSN 1431-472-X
ISBN 978-3-540-66700-1 Springer-Verlag Berlin Heidelberg New York

Satz: Reproduktionsfertige Vorlage vom Autor/Herausgeber
Druck- u. Bindearbeiten: Weihert-Druck GmbH, Darmstadt
Gedruckt auf säurefreiem Papier   SPIN: 10697516   33/3142-543210

Vorwort

Bei der Wahl des Schwerpunktthemas für den diesjährigen Workshop hatte es das Redaktionskomitee nicht besonders schwer. Nicht etwa das kommende Millenium mit all den befürchteten und ungeahnten Effekten hat das Rennen gemacht. Über dieses Thema sind in den letzten Monaten viele Szenarien entwickelt worden, denen die FG nicht noch ein weiteres hinzufügen wollte, auch wenn das Gebiet der Echtzeitverarbeitung in diesem Zusammenhang eines der kritischsten überhaupt sein dürfte. Nein: hier dürfte eher eine nachträgliche Analyse angebracht sein. Die Wahl fiel stattdessen auf 'Multimedia und Automatisierung'.
Hatten wir das nicht schon einmal?

In der Tat: 1995 lautete das Schwerpunktthema des Workshops der FG 'Braucht Multimedia Echtzeit?' Die seinerzeit vom Herausgeber noch etwas ironisch gestellte Frage, ob Multimedia etwa zum Wort des Jahres werden könnte, hatte sich kurz danach bewahrheitet. Die etwas zaghafte Fragestellung war nicht unbedingt ihrer Zeit voraus, sondern hat nur eine Entwicklung vorweggenommen, die heute Maßstäbe setzt.

Multimedia ist schlicht von einem Trendwort zu einem Wirtschaftsfaktor geworden, hat aber das Odium des 'wenig ernsthaften' zum Teil noch nicht abgelegt, wirkt dort aber nichtsdestoweniger richtungsweisend. Das verdeutlichen zwei Beobachtungen:

Die nächstleistungsfähigere Generation der in Home-PCs häufig eingesetzten Prozessoren wurde kürzlich damit begründet, daß mit ihrer Hilfe noch mächtigere Spiele programmiert werden könnten. Dieser Tendenz können die Entwickler technisch-wissenschaftlicher Arbeitsplatzrechner nicht nachstehen: Der Marktführer bringt einen neuen Computerchip mit mehreren Prozessoren heraus, der darauf getrimmt ist, Spracherkennung und Videodaten-Verschlüsselung wirkungsvoller zu übernehmen.

Wo tangiert diese Entwicklung die Arbeit der Fachgruppe?

1. Echtzeitprogrammierung als Basistechnik von Multimedia-Systemen

Bewegtbilder und Ton sind synchrone Vorgänge, die sowohl bei der Verarbeitung wie bei der Übertragung korrekt (in Echtzeit) behandelt werden müssen.
Eine krächzende Stimme bzw. ein ruckendes Bild am Heim-PC mag bei entsprechendem Inhalt beim Betrachter immerhin noch einen abgeschwächten Aha-Effekt auslösen, ist aber unprofessionell und eher für den Hobby-Markt gedacht. Ein zusammenbrechendes TV-Bild bei einer Nachrichtensendung stört dagegen bereits Millionen von Zuschauern. Eine unzutreffende Analyse einer falsch übertragenen Bild-Aufnahme kann dann schon fatale Folgen haben.
Effekte dieser Art sollten nicht durch ungeeignete Programmierung bedingt sein.

2. Multimedia-Anwendungen

Unabhängig davon haben natürlich Multimedia-Techniken Eingang in Produktionsprozesse gefunden. Bild/Ton-Übertragung und Verarbeitung sind Teil von Ferndiagnose und -service sowie Service-Robotik und sind damit Gegenstand von Echtzeitprogrammierung.
Der Austausch von Erfahrungen hierüber läßt die Grenzen der Technik besser abschätzen.

Entsprechend strukturiert ist das Tagungsprogramm. Wegen der regen Beteiligung am Workshop konnten jeweils zwei Sitzungen zu jedem der beiden Aspekte des Schwerpunktthemas (Multimedia-Aspekte in der Automatisierung, Echtzeitaspekte in Multimedia-Anwendungen) zusammengestellt werden, mit unterschiedlichen Akzentuierungen. Die Robotik nimmt dabei eine Sonderrolle ein und wird in einer eigenen Sitzung behandelt. Traditionelle Themen (Ausbildung, aktuelle Anwendungen) sind aber, wie immer, nicht zu kurz gekommen.

Erstmals bestand in diesem Jahr die Möglichkeit, Vorträge durch Exponate zu veranschaulichen. Bis Drucklegung gab es rege Anmeldungen, hauptsächlich aus dem Bereich der Robotik. Ich gehe davon aus, daß die Mühe, die sich die Referenten damit gemacht haben, durch den intensiveren Erfahrungsaustausch belohnt wird.

Bei den Firmen Siemens, ATM, ATR, GPP und Werum bedanke ich mich für die Unterstützung des Workshops. Daß der Springer-Verlag uns weiterhin 'die Stange hält', möchte ich anerkennend erwähnen.

Ich wünsche den Tagungsteilnehmern profunde Vorträge und wertvolle Diskussionen.

Peter Holleczek   Erlangen, September 1999

Inhaltsverzeichnis

Multimedia-Aspekte in der Automatisierung

J. Kaiser, M. A. Livani, T. Strzeletz: Rocon–Eine Systemumgebung
zur Steuerung und 3D-Visualisierung frei kombinierbarer aktorischer Roboterbausteine
mit sensorischer Rückkopplung 1

K.-P. Hermes, R. Kröger, M. Wack, P. Stammerjohann: Ein generisches System für das
Beobachten und Bedienen von SPS-Anwendungen auf der Basis von Web-Technologie 11

P. F. Elzer, R. Behnke, B. Bousoffara: Multi-Media und VR-Techniken für Wartung und
Training an technischen Systemen 21

Ausbildung

R. Müller : „Echtzeitprogrammierung" in der Automatisierungstechnik-Ausbildung
der HTWK Leipzig 29

W. A. Halang, B. Heulmanns, J. Düring: Ein netz- und multimediagestütztes Fernpraktikum 39

D. Thißen, S. Gebhard, B. Scherff: TELING – ein Werkzeug zur teilautomatisierten
Erstellung von multimedialen Lernmodulen für Ingenieure 49

Robotik-Anwendungen

H. Streich, R. Worst: GMD-Snake2 - Eine Roboterschlange mit verteilter Steuerung 49

A. Albert, W. Gerth, J. Hofschulte, O. Schermer: Echtzeitsystem
für einen zweibeinigen Roboter 69

Aktuelle Anwendungen

K. Mangold: BOMS – Erfahrungsbericht über die Implementierung
eines Back-Ofen-Monitoring-Systems 79

E. Haese, B. Scherff: Statistik in der Automatisierungstechnik – Ein neuer Ansatz zur
Qualitätssicherung 86

W. Doll, W. Schulze: Tampon-Druckmaschine mit IEC1131 Regelung in Echtzeit
mit standardisierten Werkzeugen 96

Echtzeitaspekte in Multimedia-Anwendungen

U. Ramacher, W. Raab, W. Kabatzke: Prototyp eines Bildrechners
für Echtzeitbildverarbeitung in Industrie- und Medientechnik 102

F. Dressler, U. Hilgers, S. Nägele-Jackson, K. Liebl: Untersuchung von Dienstqualitäten
bei echtzeitorientierten multimedialen Datenübertragungen 111

H. Hofmann: ATM – Ein Weg zur Integration von Rundfunkanwendungen in einem Netz 122

Rocon - Eine Systemumgebung zur Steuerung und 3D-Visualisierung frei kombinierbarer aktorischer Roboterbausteine mit sensorischer Rückkopplung

Jörg Kaiser[1], Mohammad Ali Livani[1], and Thomas Strzeletz[2]

[1] Universität Ulm, Abteilung Rechnerstrukturen, D-89069 Ulm, Germany
[2] Universität Ulm, Abteilung Datenbanken und Informationssysteme, D-89069 Ulm, Germany

Zusammenfassung Rocon ist eine Umgebung zur Modellierung, Visualisierung und Steuerung von Roboterkomponenten. Ein Roboter wird hierbei als System einzelner Konstruktionselemente angesehen, die in beliebiger Form kombiniert werden können. Dazu müssen die geometrischen und die funktionellen Eigenschaften der Elemente modelliert werden. Dieses Baukastenprinzip mit wiederverwendbaren Komponenten erlaubt eine einfache „virtuelle" Konstruktion neuer Roboterkomponenten aus bereits bestehenden. Die Benutzeroberfläche von Rocon erlaubt die Manipulation des Roboters, indem man über ein geeignetes Eingabemedium (z.B. die Maus) die virtuelle Darstellung des Roboters manipulieren kann. Aus dem Modell werden dann die Steuersignale für die physischen Komponenten abgeleitet. Zum andern erlaubt die Oberfläche die Beobachtung des Roboters, indem sie über sensorische Rückkopplung die tatsächlichen Positionen der aktorischen Komponenten anzeigt. Rocon wurde in Java implementiert und am Beispiel einer aktiven Niveauregulierung getestet. Als Netzwerkverbindung zwischen Rocon und dem komplexen Aktuator wurde TCP/IP und ein Gateway zum CAN-Bus eingesetzt.

1 Einleitung

Die Modellierung, Simulation und Visualisierung komplexer Roboter, die aus vielen miteinander verbundenen aktorischen Elementen bestehen, wie z.B. Greifwerkzeuge, Roboterarme oder die Beine von Schreitmaschinen sind aus vielen Gründen wünschenswert:

1. Solche Roboter erfordern häufig komplizierte Algorithmen zu ihrer Steuerung. Wünschenswert wäre hier eine geometrische und funktionale Modellierung des Roboters, mit deren Hilfe diese Algorithmen getestet werden können, bevor sie im physischen Roboter angewendet werden.
2. Die manuelle Steuerung dieser Roboter sollte über eine adäquate Schnittstelle erfolgen. Hierbei liefert die Visualisierung über Bildschirm und Steuerung mit der Maus oder einem anderen adäquaten Eingabemedium eine bessere Möglichkeit als numerische Eingaben.

3. Die Beobachtung des tatsächlichen Roboters ist häufig nicht möglich, da kein direkter visueller Kontakt besteht, z.B. bei der Wartung schwer zugänglicher technischer Systeme, der Ressourcenexploration und der Telemedizin. Auch der Beobachtung des Roboters über eine Videokamera sind hier Grenzen gesetzt. Eine visuelle Kontrolle des Roboters kann vorteilhaft über die graphische Oberfläche erfolgen.

Rocon wurde als Werkzeug zur Modellierung, Visualisierung und Steuerung komplexer Roboterkomponenten entwickelt. Dabei wurden mehrere Entwurfsziele verfolgt:

1. Rocon bietet die Möglichkeit, Roboter nach dem Baukastenprinzip zu entwerfen, d.h. aus vorgefertigten, parametrisierbaren geometrischen und funktionalen Komponenten einen Roboter „virtuell" zusammenzubauen.
2. Das Zusammenspiel der Bausteine wird simuliert und durch eine 3D-Visualisierung sichtbar gemacht, so daß das Verhalten des Roboters als Ganzes beobachtet werden kann. Die Eingabe für die Simulation kann einmal über die Benutzerschnittstelle erfolgen, zum anderen können Steuerungsprogramme in Java erstellt werden, um komplexere Bewegungsmuster zu definieren.
3. Aus der Simulation des Roboters werden Steuersignale für die physischen Komponenten generiert, so daß eine direkte Steuerung des Roboters erfolgen kann, die mit der visuellen Darstellung übereinstimmt.
4. Die aus der Simulation abgeleiteten Steuersignale sollen über TCP/IP an das zu kontrollierende Objekt geschickt werden.
5. Zur Überprüfung des tatsächlichen (Ist-)Zustands des Roboters wird eine sensorische Rückkopplung unterstützt. Dadurch ist es möglich, die tatsächliche Stellung einer Komponente relativ zu anderen Komponenten oder die eines Gelenkes zu ermitteln und in die Visualisierung einzubeziehen. Darüber hinaus können Parameter der Umwelt, die nicht aus dem Modell des Roboters abgeleitet werden können, wie z.B. die Lage im Raum bei nicht stationären Robotern berücksichtigt werden.
6. Bewegungen des Roboters, die als Reaktion auf die Sensorwerte zwingend sind, werden bereits im Simulationsprogramm automatisiert und können nach erfolgreicher Simulation durch die Verbindung mit den physischen Sensoren und Aktuatoren im Einsatz erprobt werden.

Bestehende Entwicklungssysteme (RobotAssist [New], Workspace [Rob], oder EASY-ROB [Ste]) ermöglichen die Konstruktion und Simulation von Robotern, die aus beliebigen aktorischen Bausteinen bestehen. Darüber hinaus ist eine Steuerung der Roboter über ein Datennetzwerk ohne weiteres realisierbar. Diese Systeme berücksichtigen jedoch nicht die sensorische Rückkopplung. Insbesondere werden die unter 5. und 6. angeführten Ziele ohne sensorische Rückkopplung nicht erreicht.

Zur besseren Veranschaulichung werden die Konzepte von Rocon anhand eines Beispielsystems vorgestellt. Bei diesem Beispiel handelt es sich um einen dreibeinigen Roboter, der in der Lage ist, dynamische Lageveränderungen seines

Untergrunds so zu kompensieren, daß eine Ablageplatte auf dem Roboter stets die horizontalen Lage beibehält.

Dieses Papier ist in folgende Teile gegliedert: Kapitel 2 stellt die Architektur des Rocon-Systems vor. Auf das interne Objektmodell und die Schnittstellen des Systems wird im Kapitel 3 näher eingegangen. Im Kapitel 4 wird die Funktionsweise des Rocon-Systems anhand des Anwendungsbeispiels „Dreibeiner" beschrieben. Eine Zusammenfassung schließt das Papier ab.

2 Architektur von Rocon

Rocon ist ein System, das dem Benutzer die flexible Konstruktion und Steuerung eines Roboters ermöglicht. In Abbildung1 ist die generelle Einordnung des Systems zwischen dem Benutzer und dem echten Roboter dargestellt.

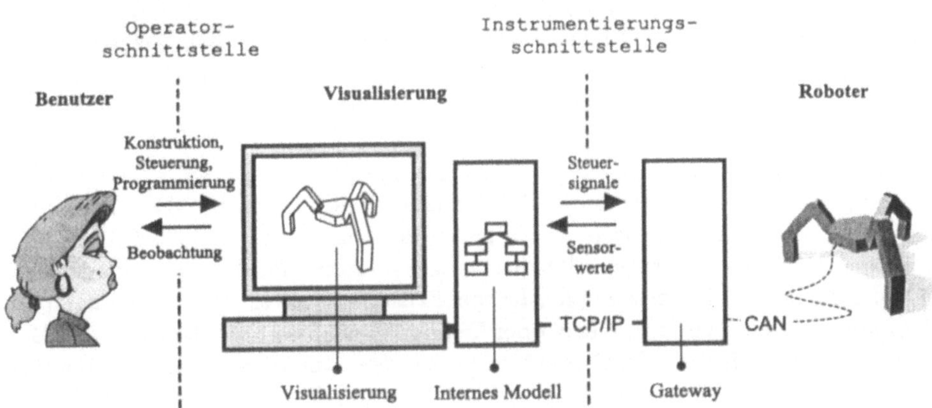

Abbildung1. Einordnung des Systems

Das System bedient sich einer Modellierung der realen Objekte durch computerinterne Datenstrukturen. Der Benutzer kann über die graphische Schnittstelle ein solches Modell erstellen, eine dreidimensionale Visualisierung des Modells betrachten und direkt an dem dargestellten Bild Manipulationen vornehmen, d.h. einzelne Gelenke per Maus auswählen und bewegen. Über eine Programmierschnittstelle kann das Modell durch ein Programm manipuliert werden, wodurch komplexere Bewegungsverhalten erzielt werden können. Rocon leitet aus dem Modell Steuerungsbefehle für die realen Aktuatoren ab. Diese werden über TCP/IP an ein Gateway zum CAN-Bus verschickt. Andererseits ist es möglich, Werte von Sensoren der Realität in das interne Modell zu übernehmen, so daß durch Sensoren gemessene Änderungen unmittelbar auf dem Bildschirm sichtbar werden.

3 Internes Objektmodell

Bei der Betrachtung des Datenmodells sind zwei Aspekte zu unterscheiden: die Visualisierung und die Steuerung. Das Modell muß die Informationen liefern können, die für eine 3D-**Visualisierung** benötigt werden. Beispiele für solche Modelle sind ein Java3D-Szenengraph [DS98], oder eine Szene, die mit VRML beschrieben wird [ANM96]. Für die **Steuerung** eines Roboters ist seine äußere Erscheinung relativ unwichtig. Ob der Arm eines Roboters die Form eines Zylinders oder die eines Quaders hat, ist irrelevant. Hier werden Metainformationen benötigt, die man dem echten Roboter eigentlich nicht unmittelbar ansieht. Diese Metainformationen beschreiben die Position und Richtung der Gelenkachsen und minimale und maximale Auslenkung der Gelenke. Ein Beispiel für eine Modellierung derartiger Informationen sind Denavit-Hartenberg-Koordinaten [DH55], die häufig zur Steuerung von Robotern verwendet werden [Pau81], [Fea84].

Das hier vorgestellte Modell muß diese beiden Aspekte vereinen. Darüber hinaus müssen wiederverwendbare Teile unterstützt und unterschiedliche Sensoren berücksichtigt werden. Im folgenden muß zwischen einem vollständigen Roboter, Roboterbauteilen und Elementarteilen unterschieden werden. Sowohl ganze Roboter, als auch Roboterbauteile setzen sich aus drei verschiedenen Elementarteilen zusammen. Sie werden repräsentiert durch die drei Klassen *Element*, *Joint* und *Anchor*.

Element abstrahiert von den physischen Körpern in der Wirklichkeit. Ein *Element* speichert die Attribute, die für eine dreidimensionale Visualisierung notwendig sind. Dazu gehören Koordinaten der Punkte, die die Oberfläche beschreiben, und Listen von Einzelflächen zwischen diesen Punkten, aus denen sich die Oberfläche des darzustellenden Körpers zusammensetzt. Die Klasse kann zu Grundformen wie Zylinder, Kegel oder Quader spezialisiert werden. Für den Benutzer und auch für die Implementierung ist eine Annäherung an die Realität durch einzelne Quader am einfachsten. Der Nachteil dieser Vereinfachung ist die schlichte Darstellung des Roboters und Ungenauigkeiten bei weiteren Berechnungen wie Kollisionstests.

Ein Objekt vom Typ *Joint* speichert die Eigenschaften der beweglichen Verbindung zweier Körper. Es beschreibt die Art des Gelenkes (Translation oder Rotation), die minimal und maximal mögliche Auslenkung der Verbindung und den aktuellen Winkel, also die Stellung der beweglichen Verbindung zu einem bestimmten Zeitpunkt. Dieser aktuelle Winkel kann durch den Benutzer, durch Meldungen von Sensoren oder durch ein kleines Programm verändert werden.

Die genannten Elementarteile werden in einer hierarchischen Struktur organisiert, welche die geometrische Beziehung der Objekte zueinander widerspiegelt. Jeder Knoten besitzt eine geometrische Transformation, bestehend aus Rotation und Translation, die seine relative Stellung zu seinem Vorgänger in der Hierarchie angibt. Die Transformation des Knotens an der Wurzel jeder Hierarchie gibt seine absolute Stellung im virtuellen Universum an. Abbildung2 zeigt einen Greifarm, der vereinfacht dreidimensional dargestellt wird, und die entsprechende Hierarchie im Modell.

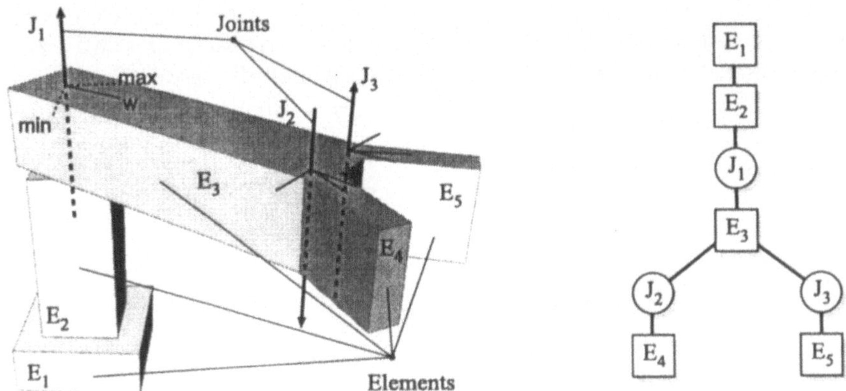

Abbildung2. Ein einfacher Roboter und der zugehörige Graph

Die Form des Greifarms wird durch einzelne Quader vom Typ *Element* angenähert. An den beweglichen Verbindungen sind *Joint*-Objekte eingezeichnet, die logische Informationen beschreiben. Dazu gehören die Richtung und Orientierung der Drehachse, minimale und maximale Auslenkung (min, max) und aktueller Winkel w (stellvertretend für *Joint* J_1 eingezeichnet).

In der Baumstruktur können *Joint-* und *Element*-Instanzen in beliebiger Kombination auftreten. Durch eine direkte Folge mehrerer *Element*-Objekte kann ein Baustein mit einer komplexeren Form modelliert werden. Eine *Element-Element*-Folge im Graphen stellt also eine unbewegliche Verbindung zweier Körper dar. In Abbildung2 wurde z.B. der Rumpf des Greifarmes durch E_1 und E_2 zusammengesetzt.

Befindet sich zwischen zwei *Element*-Objekten genau ein *Joint*-Objekt, so wird ein bewegliches Gelenk mit einem Freiheitsgrad modelliert (zum Beispiel die Kombination $E_2 - J_1 - E_3$ in Abbildung2).

Soll ein Gelenk mit mehr als einem Freiheitsgrad (wie z.B. das Hüftgelenk des Menschen) modelliert werden, wird statt eines einzelnen *Joint*-Objekts eine Folge von mehreren *Joints* eingesetzt. Mit einem einzelnen *Joint*-Objekt kann nur eine Bewegung mit einem Freiheitsgrad entlang einer Achse beschrieben werden.

Es fehlt nun noch ein Mechanismus, der es dem Benutzer erlaubt, einen Roboter aus wiederverwendbaren Bauteilen zusammenzusetzen, so daß der Vorgang der Konstruktion erleichtert wird. Die Bauteile sollen vordefinierte Punkte aufweisen, an denen sie in bestimmten Kombinationen verbunden werden können. Im Modell betrachtet sind wiederverwendbare Bausteine Teilbäume aus der Hierarchie, die zu größeren Bäumen kombiniert werden können. Wird eine *Element-Joint*-Folge als Trennungsstelle definiert, so ist die Gestalt eines Teilbaumes und damit eines Einzelteils eindeutig festgelegt.

Die Verbindungspunkte zwischen den Bauteilen werden durch die Klasse **Anchor** repräsentiert. Jedes *Element* kann beliebig viele Ankerpunkte besitzen, an deren Positionen andere Bauteile anschließen können. Ein *Anchor*-Objekt legt mit seiner Transformation eine Position und Orientierung relativ zu seinem Vorgängerknoten fest. Soll ein Bauteil B angeknüpft werden, so wird diese Transformation an das Objekt an der Wurzel des Teilbaumes B übergeben. Auf diese Weise wird B an die Stelle des Ankers positioniert. Abbildung3 zeigt die Zerlegung des Greifarms in Einzelteile.

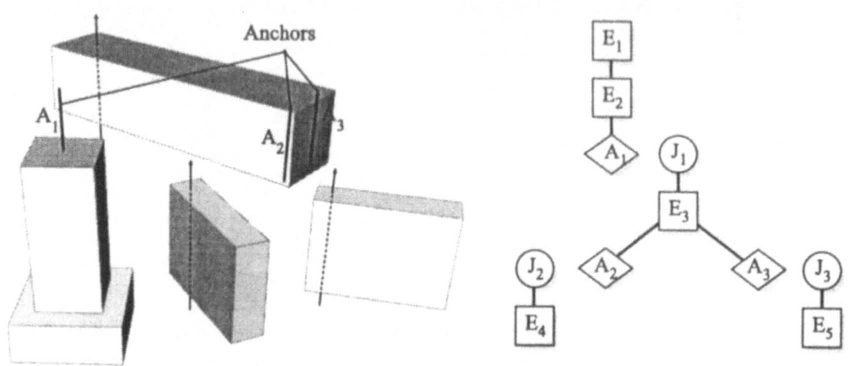

Abbildung3. Die Zerlegung des Greifarms in Einzelteile.

In Abbildung4 ist zu sehen, über welche Schnittstellen auf das interne Modell zugegriffen wird. Diese Schnittstellen werden im folgenden detailliert beschrieben.

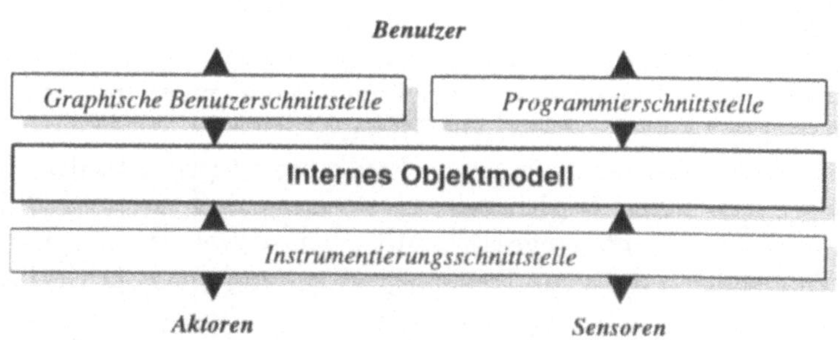

Abbildung4. Die Schnittstellen zum Objektmodell

Die **graphische Benutzerschnittstelle** ist die Verbindung zwischen dem internen Datenmodell und dem Anwender. Sie ermöglicht die Konstruktion und Manipulation eines Roboters mit Hilfe der Tastatur und der Maus. Die dreidimensionale Visualisierung stellt dabei stets das interne Modell dar, wobei Änderungen unmittelbar sichtbar werden. *Joint*-Objekte werden auf ähnliche Art und

Weise wie in Abbildung2 dargestellt. Der Benutzer kann bei der Konstruktion vorhandene Elemente aus einem Bausatz zu Robotern verknüpfen und auch den Bausatz um neue Teile erweitern. Die Verknüpfung von Bauteilen gestaltet sich dabei sehr einfach, so daß hierfür keine umfangreichen Kenntnisse ber dreidimensionale Gestaltung notwendig sind.

Abbildung5 zeigt das Erscheinungsbild der Anwendung nach dem Start. Dort sind im wesentlichen vier verschiedene Ansichten des aktuellen Modells zu sehen, die Manipulationen in der jeweils dargestellten Ebene erlauben. Auf der linken Seite befindet sich eine Informationstafel, über die Attribute der Teile eines Roboters angezeigt und manipuliert werden können.

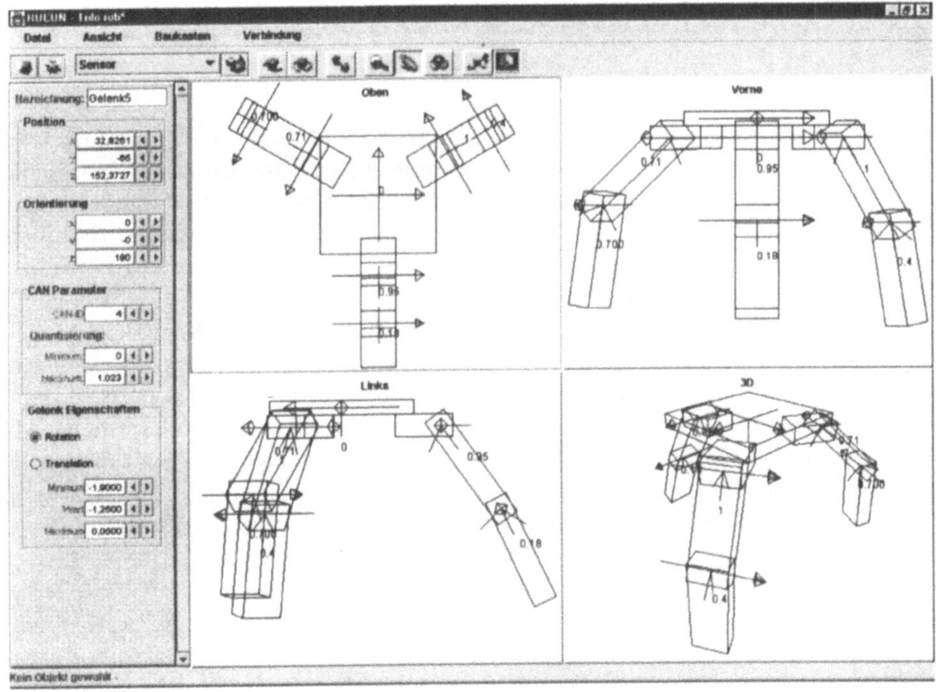

Abbildung5. Die Benutzerschnittstelle

Da die graphische Schnittstelle nur eine beschränkte Möglichkeit zur Manipulation bietet (es kann stets nur ein Gelenk per Maus gleichzeitig bewegt werden), wird als Erweiterung eine **Programmierschnittstelle** angeboten. Rocon bietet die Möglichkeit an, zur Laufzeit eine Java-Klasse dynamisch zu laden und diese über eine festgelegte Schnittstelle aufzurufen. Das Java-Programm kann über eine definierte Schnittstelle an dem aktuellen Modell beliebige Manipulationen vornehmen. Durch die Verwendung von Java muß sich der Programmierer nicht in eine proprietäre (Skript-)Sprache einarbeiten.

Der folgende Programmtext zeigt, wie in dem Beispiel *Joint* J_3 dazu gebracht werden kann, sich simultan mit J_2 zu bewegen:

```
1    ...
2    public class MyControl extends Control {
3
4        class MyListener implements ValueChangedListener {
5            Joint otherJoint;
6            public MyListener(Joint otherJoint) {
7                this.otherJoint = otherJoint;
8            }
9            public void valueChanged(ValueChangedEvent thisJointEvent) {
10                otherJoint.setValue(thisJointEvent.getValue());
11            }
12        }                    // init() überschreibt eine Methode der Klasse Control
13                             // sie wird durch Rocon nach Laden der Klasse gerufen
14        public void init() {// getJoint(x) liefert das Joint-Objekt mit der Bezeichnung x
15            getJoint("J2").addValueChangedListener(new MyListener(getJoint("J3")));
16        }
17    }
```

Wie zu erkennen ist, wird ein ereignisbasiertes Modell der Kommunikation realisiert, das sich sehr gut für Kontrollsysteme eignet. Eine Änderung in Gelenk J_2 bewirkt, daß diese Änderung an alle interessierten Objekte gesendet wird. Programmzeile 15 trägt bei Gelenk J_2 einen neuen Ereignisempfänger (nämlich J_3) ein. Eine Diskussion dieses Modells für Kontrollanwendungen und Lösungen für den CAN-Bus ist in [KM99] zu finden.

Die Programmierschnittstelle erlaubt die Realisierung komplexer Bewegungsalgorithmen durch die Möglichkeit, Beziehungen und Reaktionen zwischen den geometrischen und funktionalen Komponenten des Simulationsmodells zu definieren und durchzusetzen. Beispielsweise könnten an dieser Stelle spezielle Algorithmen der Kollisionsvermeidung von Gliedern oder der inversen Kinematik einbezogen werden.

Die **Instrumentierungsschnittstelle** verbindet bidirektional über das erwähnte CAN-Gateway die *Joint*-Objekte des virtuellen Modells mit verschiedenen Mikrocontrollern in Realität. Jedem *Joint*-Objekt kann über die graphische Oberfläche ein eindeutiger CAN-Identifier zugewiesen werden, der direkt zur Adressierung der CAN-Nachrichten verwendet wird [ROB91]. In Abbildung5 sind zum Beispiel die Attribute des *Joint*-Objekts mit der Bezeichnung „Gelenk5" zu sehen, dem in der Kategorie „CAN-Parameter" die ID 4 zugewiesen wurde. Die Manipulation des aktuellen Winkels eines *Joint* bewirkt ein Versenden einer Nachricht mit entsprechender ID und dem neuen Winkel. Dabei wird der Winkel, der im internen Modell als Gleitkommazahl vorliegt, auf ein geeignetes Netzwerkpaket abgebildet. Sollen die Daten zum Beispiel in einem 10-Bit-Paket versendet werden, so muß der Wertebereich eines *Joint* auf den Zahlenbereich von 0 bis 1023 abgebildet werden. Die Grenzen dieses Bereiches können über die Benutzerschnittstelle als Quantisierungsparameter angegeben werden (Abbildung5).

Ein intelligenter Aktuator, dessen CAN-Controller die für ihn bestimmte Nachricht anhand ihrer ID identifiziert, entnimmt der Nachricht die gewünschte Stellung und erzeugt die entsprechenden Steuersignale für den gewünschten

Motor. Umgekehrt werden Nachrichten, die Sensordaten enthalten, über die Instrumentierungsschnittstelle an die entsprechenden Objekte der Simulation weitergeleitet und entsprechend visualisiert. Eine detaillierte Beschreibung der Instrumentierungsschnittstelle und der dazugehörigen Netzwerkarchitektur liegt außerhalb des Rahmens dieses Papiers. Sie wird in [Str99] dargestellt.

4 Anwendungsbeispiel: Dreibeiner

Das in der Einleitung erwähnte Beispiel zur aktiven Niveauregulierung durch einen dreibeinigen Roboter soll nun detailliert beschrieben werden. Die in Abbildung5 dargestellte Oberfläche zeigt diesen Beispielroboter. Damit der Roboter die Plattform bei Neigung der Standfläche horizontal ausrichten kann, besitzt er drei Beine, die jeweils aus zwei servogesteuerten Gelenken bestehen. Ein Bein kann dadurch jeweils eine Ecke der Ablageplatte heben bzw. senken. An der Plattform ist ein Inklinometer installiert, der die Neigung zweier orthogonaler Achsen gegenüber der Erdoberfläche mißt. Ein Steuerungsprogramm soll mit Hilfe dieser Meßwerte die Stellung der Beingelenke berechnen, so daß die Plattform stets horizontal ausgerichtet ist. Abbildung6b) zeigt die Hierarchie der Elementarteile des zugehörigen Modells.

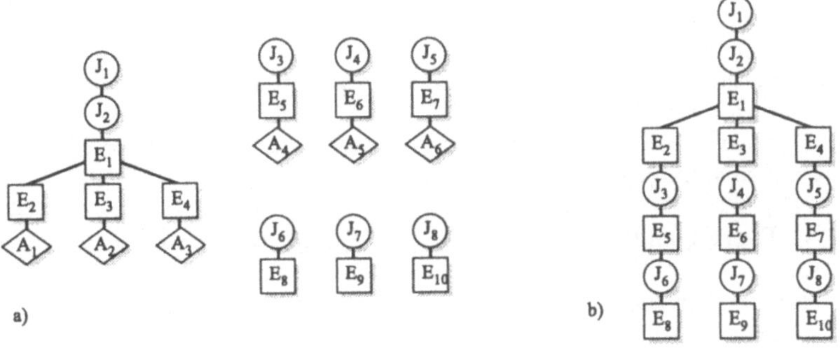

Abbildung6. Modell des Dreibeiners. a) einzelne Bauteile. b) zusammengesetzt.

Die sechs servogesteuerten Gelenke werden durch die sechs *Joint*-Objekte $J_3 \ldots J_8$ repräsentiert. Jedem dieser Objekte wurde eine ID zugeordnet, über die das jeweils korrespondierende Servo angesprochen wird. Die beiden Objekte J_1 und J_2 repräsentieren den Neigungswinkelsensor, wobei die Achsen beider *Joints* horizontal im virtuellen Universum liegen und die Achse von J_2 orthogonal zu der von J_1 ausgerichtet ist. Die aktuelle Stellung von J_1 und von J_2 bestimmen die Neigung der darunterliegenden Hierarchie und somit die des gesamten Roboters. Die IDs von J_1 und J_2 werden so gewählt, daß sie die Nachrichten des echten Inklinometers empfangen. Wird in Realität die Plattform geneigt, so sendet der Inklinometer an die zugehörigen Objekte den neuen Winkel gegenüber der Erdoberfläche. Diese stellen ihren aktuellen Winkel entsprechend ein, und der virtuelle Roboter wird gegenüber der virtuellen Horizontalen entsprechend der Realität geneigt.

Ein Steuerungsprogramm kann anhand der aktuellen Winkel von J_1 und J_2 die Stellungen der Beingelenke berechnen, die für einen Ausgleich der Plattform notwendig sind. Das Programm manipuliert dabei die Soll-Winkel der *Joints* $J_3 \ldots J_8$ im Modell. Die Kommunikation mit den sechs echten Mikrocontrollern erledigt Rocon.

5   Zusammenfassung

Rocon ist ein Werkzeug, welches universell zur Modellierung, Visualisierung und Steuerung beliebiger Roboter verwendet werden kann. Durch Wiederverwendung bereits konstruierter Bauteile läßt sich sehr leicht ein Modell eines bestimmten Roboters zusammensetzen. Dieses kann über die Visualisierung manipuliert oder über ein Programm gesteuert werden. Rocon organisiert mit Hilfe des Modells die Kommunikation mit den echten Mikrocontrollern. Bei der Steuerung wird von diesem Aspekt abstrahiert, da nicht mehr einzelne Motorsteuerungen zu programmieren sind, sondern das generische virtuelle Modell.

Literatur

[ANM96] Andrea L. Ames, David R. Nadeau, and John L. Moreland. *The VRML sourcebook*. Wiley, New York, NY, USA, 1996.

[DH55]   J. Denavit and R. S. Hartenberg. A Kinematic Notation for Lower-Pair Mechanisms Based on Matrices. *J. Appl. Mechanics, June 1955*, 22:215–221, 1955.

[DS98]   M. Deering and H. Sowizral. *Java3D Specification, Version 1.1*. Sun Microsystems, 2550 Garcia Avenue, Mountain View, CA 94043, USA, dec 1998.

[Fea84] Roy Featherstone. *Robot dynamics algorithms / by Roy Featherstone*. Boston : Kluwer, c1987, 211 p., 1984.

[KM99]   J. Kaiser and M. Mock. Implementing the Real-Time Publisher/Subscriber Model on the Controller Area Network (CAN). In *Proceedings of the 2nd Int. Symp. on Object-oriented Real-time distributed Computing (ISORC99), Saint-Malo, France*, may 1999.

[New]   New River Kinematics, 4767 Wurno Road, Pulaski, VA 24301, USA. *RobotAssist*.

[Pau81] R. P. Paul. *Robot Manipulators: Mathematics, Programming and Control*. MIT Series in Artificial Intelligence. The MIT Press, 1981.

[Rob]   Robot Simulations Ltd., 21 Amethyst Road, Newcastle-upon-Tyne, NE4 7YL, UK. *Workspace*.

[ROB91] ROBERT BOSCH GmbH. CAN specification version 2.0, sep 1991.

[Ste]   Stefan Anton, http://www.easy-rob.de. *EASY-ROB*.

[Str99] Thomas Strzeletz. Entwicklung einer Umgebung zur Steuerung und 3D-Visualisierung hierarchisch kombinierbarer aktorischer Konstruktionselemente mit sensorischer Rückkopplung. Master's thesis, Universität Ulm, 1999.

Ein generisches System für das Beobachten und Bedienen von SPS-Anwendungen auf der Basis von Web-Technologie

K.-P. Hermes[2,1], R. Kröger[1], M. Wack[2], P. Stammerjohann[2]

[1]Fachhochschule Wiesbaden, Fachbereich Informatik
Labor für Verteilte Systeme
Kurt-Schumacher-Ring 18, D-65197 Wiesbaden
kroeger@informatik.fh-wiesbaden.de

[2]Moeller GmbH, Geschäftsbereich Automatisierung
Hein-Moeller-Straße 7-11, D-53115 Bonn
{K.Hermes, M.Wack, P.Stammerjohann}@moeller.net

Abstract. Der Beitrag stellt ein Web-basierten Systemansatz zum Bedienen und Beobachten von SPS-Anwendungen vor, der in einer Zusammenarbeit zwischen der Moeller GmbH und der Fachhochschule Wiesbaden entwickelt wurde. Ohne Programmierung auf Kundenseite können durch einfache Konfigurationsschritte beliebige Prozeßgrößen aus IEC 1131-konformen SPS-Anwendungen durch einen Web-Browser in frei konfigurierbarer Weise dargestellt und beeinflußt werden. Die beobachtete Performance des realisierten Prototyps war in allen beobachteten Fällen einem konventionellen Visualisierungssystem überlegen.

1   Einleitung

Die Integration von Speicherprogrammierbaren Steuerungen (SPSen) in Netzwerke gewinnt in zunehmendem Maße an Bedeutung. Eine konsequente Dezentralisierung von Automatisierungsstrukturen entspricht dem Trend, Intelligenz dort anzusiedeln, wo diese benötigt wird. Zusätzlich gibt es vermehrt Sensoren und Aktoren mit integrierter Intelligenz. Hieraus ergeben sich neue zusätzliche Anforderungen an die Vernetzung sowie die Kommunikation von SPS-Systemen untereinander. Aber auch in vertikaler Richtung, also von einer SPS zu Leitrechnern und in Richtung übergeordneter Geschäftsprozesse nimmt der Kommunikationsbedarf ständig zu.

Ein von einzelnen Herstellern unabhängiger Standard beseitigt viele der sich bei der Integration stellenden Probleme. Zudem werden die Aufwendungen zur Weiterentwicklung der Protokolle und Standards weltweit getragen. Für die oberen Netzwerkebenen der Automatisierungspyramide hat sich die auf TCP/IP basierende Internet-Protokollfamilie weltweit durchgesetzt. Sie bietet eine einfache, preiswerte und durchgängige Anbindung, die von allen gängigen Betriebssystemen unterstützt wird. Auch der Übergang vom Intranet zum weltumspannenden Internet ist, einmal von Firewalls abgesehen, ohne zusätzlichen Aufwand erreichbar. Die Anbindung von

SPSen an TCP/IP-basierte Netzwerke ist damit sehr attraktiv und eröffnet gleichzeitig neue Nutzungsmöglichkeiten.

Heute eingesetzte Anzeige- und Bedienschnittstellen beruhen häufig auf speziellen graphischen HMI-Bibliotheken mit wachsender Bedeutung von standardisierten Oberflächen wie Microsoft Windows. Dieser Trend wird insbesondere durch sogenannte Industrie-PCs gefördert, welche vor allem Datenverwaltungs- und Visualisierungsaufgaben übernehmen. Ein Beispiel hierfür ist der OPC-Ansatz [1], welcher einem Visualisierungsprogramm einheitliche Methoden zum Lesen und Schreiben von Variablen aus einem prozeßbezogenen Endgerät zur Verfügung stellt. Die notwendige Kopplung vom PC zum Endgerät muß jedoch i.d.R. vom Hersteller des Endgerätes auf Basis der existierenden Möglichkeiten realisiert werden, wie Feldbusse oder RS232-Schnittstellen mit darüberliegendem Protokoll.

Auf der anderen Seite bietet die auf der Internet-Protokollfamilie aufbauende Webtechnologie vielfältige attraktive Visualisierungsmöglichkeiten. In einer Zusammenarbeit zwischen der Moeller GmbH und der Fachhochschule Wiesbaden wurde untersucht, wie tragfähig ein Systemansatz zum Bedienen und Beobachten von SPS-Anwendungen auf der Basis von Webtechnologie ist [5]. Ziel war es dabei, einen generischen Ansatz zu verfolgen, so daß auf Kundenseite durch einfache Konfigurationsschritte beliebige Prozeßgrößen aus IEC 1131-konformen SPS-Anwendungen [2], [3] durch einen Web-Browser in frei konfigurierbarer Weise dargestellt werden können.

Das vorliegende Papier stellt den gewählten Ansatz vor. Das folgende Kapitel 2 stellt ausgehend von der generellen Struktur Web-basierter Anwendungen die wesentlichen Randbedingungen für ein Web-Integration von SPSen vor. Anschließend werden in den Kapiteln 3 und 4 Hardware- und Software-Architektur sowie die Realisierung des entwickelten Prototypen beschrieben. Kapitel 5 enthält eine Bewertung des Ansatzes, der Beitrag schließt mit Zusammenfassung und Ausblick in Kapitel 6.

2   Web-Technologie

Das World Wide Web hat in den vergangenen Jahren einen Siegeszug sondergleichen erlebt. Auf eine ausführliche Darstellung der Grundlagen Web-basierter Anwendungen soll hier verzichtet werden. Einen guten Überblick liefert [4].

Einem Web-basierten Systemansatz liegt zunächst ein TCP/IP-Netzwerk (Internet/Intranet) zugrunde. Web-Anwendungen sind Client/Server-orientiert, die Kommunikation zwischen Client und Web-Server wird durch das textbasierte HTTP-Protokoll geregelt, das TCP nutzt. Durch URLs identifizierte, übermittelte Dokumente beinhalten i.d.R. sogenannte Tags der Auszeichnungssprache HTML zur Festlegung der Dokumentenstruktur sowie vermehrt zur Festlegung der graphischen Repräsentierung. Browser sind die verbreitetsten Web-Clients und haben durch ihre einfache Bedienbarkeit und die Eigenschaft, die flexibel gestaltbaren HTML-Dokumente graphisch ansprechend darzustellen, eine hohe Akzeptanz erfahren und werden vielfach schon als universelle Benutzerschnittstellen angesehen. Neben der Möglichkeit, durch sogenannte Plugins (auf Client-Seite gespeicherte, dynamisch ladbare Module) die Funktionalität des Browsers zur Darstellung neuer Medientypen zu erweitern, kann durch die heute übliche Integration einer Java Virtual Machine (JVM) beliebiger, in HTML-Dokumente als Applets eingebetteter, plattform-unabhängiger Anwendungscode mittels HTTP über das Netzwerk nachgeladen und ausgeführt werden. Java Applets eignen sich sehr gut, um komplexe interaktive Benutzeroberflächen zu implementieren. Das Applet-Sicherheitsmodell erlaubt es einem Applet, Netzwerkverbindungen zu Anwendungskomponenten auf dem Host herzustellen, von dem es (über einen dort laufenden Web-Server) ausgeliefert wurde. Über diese Netzwerkverbindungen können beliebige anwendungsspezifische Protokolle abgewickelt werden. Web-Server dienen der Bereitstellung von Dokumenten. Die für allgemeine Anwendungen genutzten Web-Server bieten neben der einfachen Auslieferung von statischen, in Dateisystemen gespeicherten Dokumenten verschiedene Möglichkeiten, angefragte Dokumente dynamisch zu generieren. Klassische Formen sind Server-Side Includes (SSI), die im Parsing des auszuliefernden Dokuments und der Ersetzung spezieller Markierungen durch häufig dynamisch generierte Daten auf Seiten des Servers bestehen. Außerdem besteht die Möglichkeit der Inanspruchnahme externer Anwendungen, die über das Common Gateway Interface (CGI) an den Web-Server angekoppelt sind. Hierbei wird einem i.d.R. für die Anfrage erzeugten Prozeß eine Eingabe des anfragenden Clients (z.B. der Inhalt eines ausgefüllten Formulars) übergeben; die Bearbeitung erzeugt unter anderem ein HTML-Dokument als Ausgabe, die das Gateway des Servers entgegennimmt und unverändert an den anfragenden Client ausliefert. Neuere Realisierungen dienen der Reduktion des mit CGI verbundenen Aufwands sowie der weiteren Flexibilisierung (z.B. Servlets).

Embedded Web-Server sind für kleine, i.d.R. Mikrocontroller-basierte Systeme ausgelegte Implementierungen des HTTP-Protokolls mit eingeschränkter Funktionalität gegenüber den beschriebenen Host-basierten Web-Servern und dadurch bedingtem geringen Ressourcenbedarf. Mittlerweile existieren am Markt eine Reihe von Embedded Web-Servern für verschiedene, in eingebetteten Systemen verwendete Betriebssystemkerne.

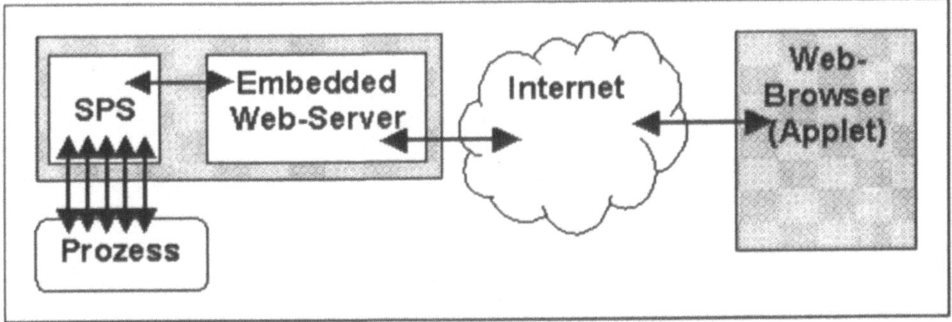

Fig. 1. Komponenten einer Web-basierten SPS-Anwendung

Ein Web-basierter Systemansatz für das Beobachten und Bedienen von SPS-Anwendungen verwendet prinzipiell die gleichen wie die oben beschriebenen Mechanismen. Auf Bedienerseite wird lediglich von einen üblichen Java-fähigen Web-Browser auf einem Desktop-System ausgegangen. Die Server-Seite wird durch einen mit der SPS verbundenen Embedded Web-Server gebildet. Notwendig ist, daß die eigentliche SPS-Anwendung in ihrem zeitlichen Verhalten nicht beeinträchtigt wird. Aufgrund der relativ schwachen CPU-Leistung heutiger SPSen verbietet sich eine Ausführung des TCP/IP-Stacks sowie des Embedded Web-Servers auf der CPU der SPS derzeit von vornherein. Vielmehr muß von der Bereitstellung zusätzlicher Ressourcen ausgegangen werden, z.B. in Form einer Mikrocontroller-basierten Einsteckkarte. Es ist daher auch ein Design-Ziel, die Verarbeitungslast zur Laufzeit i.w. auf den Bedienrechner zu verlagern. Dies geschieht, indem der Embedded Web-Server an den Browser HTML-Seiten ausliefert, die eingebettete Applets zur Präsentation der Prozeßgrößen und zur Interaktion mit dem Bediener enthalten. Die Applets werden dabei auf der JVM des Browsers ausgeführt und involvieren die SPS-Seite nur, um die aktuellen Prozeßgrößen bzw. die geforderten Benutzeraktionen zu kommunizieren. Hierzu werden spezielle aufwandsarme Protokolle vorgesehen.

3   Architektur des Prototyps

Die Architektur des entwickelten Prototypen entspricht dem in Abb. 1 dargestellten Aufbau. Die interne Architektur der SPS-Seite wird zunächst konkretisiert (vgl. Abb. 2). Das eingesetzte SPS-System PS416 von der Moeller GmbH ist modular aufgebaut und besitzt einen proprietären Rückwandbus. In diesen Rückwandbus wird ein modifiziertes µController-Board MiniEthB C167 der Fa. Hightec, Saarbrücken, eingesteckt. Dieses besitzt einen C167-Prozessor, 1 MB RAM, 512 KB Flash-ROM, ein Ethernet-Interface und einen nach außen geführten Daten/Adreßbus. Die Modifikation adaptiert den Daten/Adreßbus der Karte über ein spezielles ASIC an den Rückwandbus der SPS. Die Kommunikation zwischen dem µController-Board und der SPS erfolgt speicherbasiert über ein Dual-Ported-RAM im ASIC, das im Adreßraum der SPS-CPU und der CPU der Zusatzkarte zugreifbar ist.

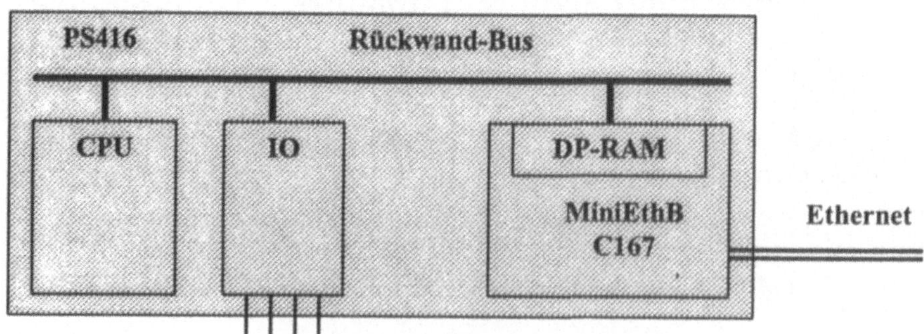

Fig. 2. Hardware-Struktur der SPS-Seite

Die Software-Seite unterscheidet zwischen dem Entwurfszeitpunkt der Beobachtungs- und Bedienoberfläche einer SPS-Anwendung sowie der Laufzeit des Systems, wenn die SPS-Anwendung Mithilfe der entworfenen Oberfläche bedient wird. Abb. 2 zeigt die verschiedenen Softwarekomponenten und deren Zusammenwirken zur Laufzeit.

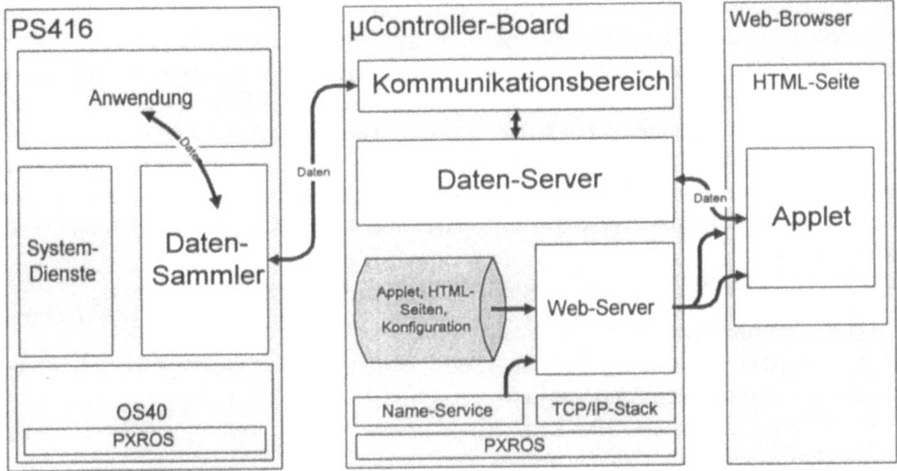

Fig. 2. Systemarchitektur

Zum Entwurf der Beobachtungs- und Bedienoberfläche und Erzeugung aller Daten für den Web-Server wird der sogenannte *Applet-Konfigurator* benutzt. Er leistet zunächst die Extraktion der Variableninformationen aus der IEC 1131-konformen SPS-Entwicklungsumgebung Moeller Sucosoft S40 [6]. Um die Sprachdefinition unverändert zu lassen, werden alle SPS-Programmvariablen, deren Namen ein bestimmtes Präfix besitzt, als potentiell für eine Visualisierung interessant angesehen. Für jede interessierende Variable wird automatisch eine eindeutige Variablennummer als später zu verwendende Kurzreferenz erzeugt sowie Offset und Länge der Variablen im Datenbereich der Funktionsbausteininstanz festgehalten.

Die Beobachtungs- und Bedienoberfläche kann ohne Programmierkenntnisse weitestgehend per Drag&Drop erstellt werden. Sie setzt sich aus elementaren Visualisierungskomponenten zusammen. Als grundlegende Typen sind z.B. ein analoges Zeigerinstrument, eine einzeilige und eine mehrzeilige Digitalanzeige, eine Binäranzeige, eine Balkenanzeige, ein Liniendiagramm, ein einfaches Textfeld, ein Schieberegler, ein Texteingabefeld und ein Button vorhanden. Der Applet-Editor als Komponente des Applet-Konfigurators bietet die Möglichkeit alle im System gefundenen Visualisierungskomponenten in Form von Grafiken anzuzeigen. Jeder Visualisierungskomponente wird je nach Typ eine oder mehrere der interessierenden Programmvariablen zugeordnet. Die Anzeige und Auswahl erfolgt in Form eines auffächerbaren Baumes. Visualisierungskomponenten können die Möglichkeit der Dateneingabe vorsehen. Sie sind damit Interaktionselemente, deren Eingabewert zur

Laufzeit an die jeweils zugeordnete Variable in der SPS über Daten-Server und Daten-Sammler weitergeleitet wird. Ein Arbeiten mit den realen Variableninformationen aus der laufenden SPS-Anwendung ist schon zum Entwurfszeitpunkt möglich, was das Erstellen von grafischen Anzeigen erleichtert, da so viel früher das spätere Erscheinungsbild beurteilt werden kann.

Nachdem eine Visualisierungsoberfläche erstellt wurde, kann sie mit allen nötigen Daten als *Applet* abgespeichert werden. Zusätzlich kann automatisch eine HTML-Seite generiert werden, in die das Applet mit der zugehörigen Konfiguration eingebettet wird. Das Applet stellt eine Untermenge der Java-Klassen des Applet-Konfigurators dar. Beim Abspeichern der Oberfläche aus dem Applet-Konfigurator kann der Anwender wählen, ob das Applet zur Laufzeit rekonfiguriert werden können soll oder ob die erzeugte Oberfläche in ihrer Struktur statisch ist. Die zu dem entsprechenden SPS-Projekt erzeugten Daten werden zusammen mit den SPS-Projekt in dem jeweiligen S40-Projektverzeichnis abgelegt. Schließlich kann ein Abbild erzeugt werden, das im Flash-RAM der Zusatzkarte als Datenteil des Web-Servers abgelegt wird.

Zur Laufzeit des Systems existieren die folgenden Komponenten:

- das Applet im Browser des Bedieners,
- ein Embedded Web-Server und ein sogenannter Daten-Server auf der μController-basierten Zusatzkarte,
- ein Datensammler als SPS-Betriebssystemerweiterung mit geringen Betriebsmittelanforderungen.

Diese Aufteilung erreicht, daß in der SPS nur sehr wenig Rechenzeit aufgewendet werden muß, der μController der Zusatzkarte für die Internet-Anbindung vollständig zur Verfügung steht und die hohe Rechenleistung des Bediener-PCs zur eigentlichen Erzeugung der graphischen Darstellung verwendet wird.

4 Realisierung

Der Applet-Konfigurator besteht aus dem Applet-Editor, dem Variablen-Editor und einem Konfigurationstool für den Embedded Web-Server. Alle Teile sind generisch und damit unabhängig von einer konkreten Anwendung realisiert. Der *Applet-Konfigurator* und die Visualisierungskomponenten wurden vollständig in der Programmiersprache Java implementiert. Im folgenden wird der Applet-Editor detaillierter beschrieben.

Sämtliche Informationen bezüglich einer Applet-Konfiguration werden zusammen mit dem Projekt der Sucosoft S40 in dem jeweiligen Projektverzeichnis abgespeichert. Weiterhin ist es möglich, mehrere Applets pro Projekt zu verwalten. So können spezielle Ansichten für einzelne Teilbereiche erstellt werden. Die von der Entwicklungsumgebung benötigten Variableninformationen werden immer aus dem zu letzt bearbeiteten S40-Projekt extrahiert. Bestandteil dieser Informationen sind neben der eindeutigen Variablennummer der Variablenname, eine sprechende Bezeichnung, der Wertebereich, Umrechnungsfaktoren für eine lineare Transformation, die Instanznummer, der Offset innerhalb einer Instanz, die Anzahl der Bytes und die Übertragungsrate. Alleine durch die Informationen bezüglich Offset und Größe der Daten innerhalb einer Instanz sind die Programmteile auf dem µController und der SPS zur Laufzeit in der Lage Daten aus der SPS-Anwendung zu liefern. Die Variableninformationen werden im Applet-Editor in einer Baumstruktur abgebildet. Enthalten sind dabei die Funktionsbausteininstanzen welche zu visualisierende Variablen enthalten, globalen Variablen und die benutzten Visualisierungskomponenten. In Abb. 3 ist der Applet-Editor mit einer erzeugten Applet-Oberfläche dargestellt.

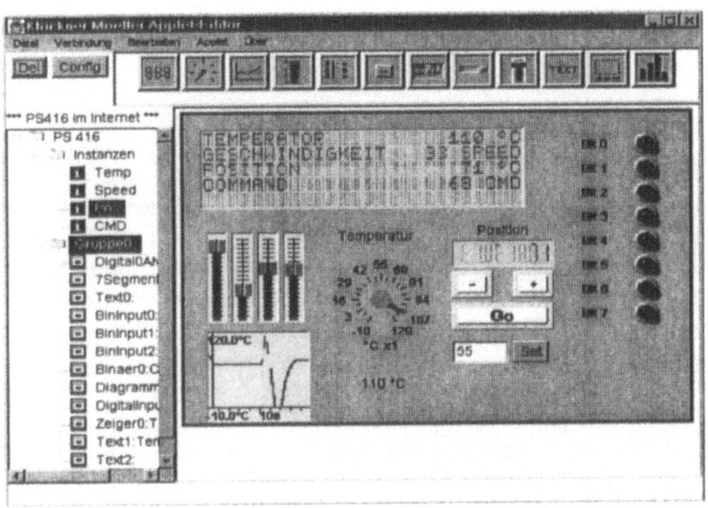

Fig. 3. Applet-Editor mit Beispielkonfiguration

Das Applet lädt beim Starten die vom Applet-Konfigurator generierten Informationen aus einer Datei, die vom Embbedded Web-Server zur Verfügung gestellt wird. Damit ist das erzeugte Applet als auch der Applet-Editor jeweils in der Lage, eine Verbindung zum Daten-Server herzustellen, und so mit aktuellen Variablenwerten zu arbeiten. Die Kommunikation läuft in beiden Programmteilen über die gleiche Kommunikationsklasse ab. Die einzelnen Variableninhalte werden mittels einer Listenklasse, in der auch eine lineare Transformation der Werte vorgenommen werden kann, an die verschiedenen zugeordneten Visualisierungs-komponenten verteilt. Nachdem ein vollständiges Prozessabbild empfangen worden ist, wird die grafische Darstellung der Visualisierungskomponenten aktualisiert. Die einzelnen Visualisierungskomponenten werden zur Laufzeit dynamisch eingebunden, ähnlich wie Plugins, wodurch das System sehr einfach um neue Komponenten erweiterbar ist.

Wenn ein Wert einer Visualisierungskomponente an die SPS übermittelt werden soll, sendet sie den Wert zusammen mit der eindeutigen Variablennummer an die Kommunikationsklasse, die wiederum mittels der Listenklasse eine lineare

Transformation durchführen kann. Der errechnete Wert wird anschließend durch die Kommunikationsklasse an den Daten-Server übermittelt.

Die Kommunikation zum Daten-Server wird über das HTTP-Protokoll getunnelt, indem die Verbindung durch ein Aufruf eines CGI-Scriptes auf dem Web-Server hergestellt wird, der die Verbindung an den Daten-Server weiterleitet. Neben dieser Funktionalität bietet der Web-Server auch Server-Side-Includes, mit Hilfe derer unter anderem auch aktuelle Variablenwerte in eine HTML-Seite eingebunden werden können.

Der *Daten-Server*, der in „C" realisiert ist, besteht aus zwei Tasks, dem Daten-Service und dem Daten-Verteiler. Gemeinsam verwalten sie eine globale Liste, in der alle zu übermittelnden Variableninformationen gespeichert werden. Nachdem eine Verbindung vom Applet bzw. Applet-Editor zum Daten-Verteiler aufgebaut worden ist, werden alle benötigten Variablen mittels der eindeutigen Variablennummer und der Position im Speicher angefordert. Der Daten-Verteiler trägt alle angeforderten Variablen in die globale Liste ein. Anschließend abonniert der Daten-Service die neu eingetragenen Variablen bei der SPS. Beim Beenden eines Applets werden bestellte Werte auf die gleiche Weise wieder abbestellt. Der Daten-Service bekommt die Variableninhalte aller bestellter Variablen zusammen mit der eindeutigen Variablennummer von der SPS in zyklischen Abständen übermittelt. Er trägt die empfangenen Werte in die globale Liste ein, aus welcher der Daten-Verteiler anschließend die Variableninhalte zusammen mit der eindeutigen Nummer an die verschiedenen Applets verteilt. Auf die gleiche Weise erfolgt die Werteübermittlung von den Applets zur SPS. Der einzige Unterschied besteht darin, daß hier die Kommunikation mit mehreren Applets geregelt werden muß. So gibt es hier den Sonderfall, daß mehrere Applets einen Wert in die selbe Variable schreiben wollen, oder daß ein Applet kurz aufeinander verschiedene Werte in die selbe Variable schreiben will, was z.B. bei einem Tastendruck vorkommen kann. Hier wird die Übertragung der einzelnen Werte sichergestellt, indem in den jeweiligen Sonderfällen die Verarbeitung der von den Applets gesendeten Daten erst fortgesetzt wird, nachdem der jeweilige Wert übermittelt worden ist. Der Daten-Verteiler und der Daten-Service laufen immer abwechselnd, indem sie jeweils nacheinander auf die globale Liste zugreifen. Dieses Vorgehen hat sich als das performanteste herausgestellt, da ein Taskwechsel immer nur dann stattfindet, wenn entweder ein Prozessabbild komplett übertragen oder empfangen worden ist. Durch dieses Vorgehen wird weiterhin sichergestellt, daß immer ein vollständiges Prozessabbild übertragen wird, bevor neue Werte von der SPS bzw. einem Applet an die SPS übertragen werden können.

Der Daten-Service tauscht die Daten mit dem Daten-Sammler in der SPS über das Dual-Ported-RAM im ASIC aus. Dazu ist das DPR in zwei unterschiedlich große Puffer zum Lesen und Schreiben eingeteilt, auf die mittels gegenseitigen Ausschlusses zugegriffen werden kann. Auf diese Weise wird die Übertragung des Daten-Serves mit der Datenübertragung des Daten-Sammlers synchronisiert. Innerhalb jedes Zyklus werden sämtliche beim Daten-Sammler angeforderten Variablen übertragen. Die unterschiedliche Puffergröße basiert auf der unterschiedlichen Menge der zu übertragenden Daten. So kann der Benutzer im Normalfall nicht so viele Daten über die Applet-Oberfläche eingeben, wie in der SPS anfallen, da der Anwender immer nur über eine Visualisierungskomponente einen

Wert eingeben kann, wohingegen in der SPS immer ein Prozessabbild übertragen werden muß, was deutlich mehr Werte beinhaltet.

Der *Daten-Sammler*, der in „C" realisiert ist, läuft als eigenständiger Task im Betriebssystem der PS416. Somit kann diese unabhängig von der laufenden SPS-Anwendung auf deren Speicherinhalte zugreifen. Ähnlich wie beim Daten-Server verwaltet der Daten-Sammler eine Liste aller abonnierten Variablen, die zyklisch abgearbeitet wird. Dazu werden zuerst alle von dem Daten-Service empfangenen Werte in das RAM der SPS geschrieben. Anschließend werden die angeforderten Variablen in die Liste kopiert. Dieses Vorgehen gewährleistet, daß die Zugriffszeit auf die Variablen der laufenden Anwendung minimiert wird und eine Übermittlung eines konsistenten Prozessabbildes möglich wird. Nachdem alle Variablen aus der Anwendung ausgelesen worden sind, werden die in der Liste eingetragenen Werte an den Daten-Service übermittelt. Durch die beschriebene Verarbeitung der Werte ist eine sichere und optimale Übertragung der Werte zwischen den einzelnen Komponenten sichergestellt.

5   Bewertung

Mit Hilfe des vorgestellten Systems läßt sich die Visualisierung einer SPS-Anwendung in kürzester Zeit realisieren, weil insbesondere die heute noch vorhandene Trennung zwischen Programmierung und Visualisierung aufgehoben wird. Damit entfallen die sonst notwendigen und fehlerträchtigen Doppeleingaben für zu visualisierende Variablen. Weiterhin müssen an einer Anwendung keine semantischen Modifikationen vorgenommen werden. Damit sind auch existierende Applikationen darstellbar.

Zur Durchführung der Visualisierung ist weder eine spezielle Software noch eine spezielle Hardware notwendig. Es wird lediglich ein Web-Browser sowie ein Ethernet- bzw. Internet-Anschluß benötigt, welches beides auf heutigen PCs standardmäßig vorhanden ist. Insbesondere sind die eingesetzten Techniken sowohl in einem Firmennetz (Intranet) als auch weltweit (Internet) ohne Modifikationen einsetzbar.

Messungen in Hinblick auf die erzielbare Update-Rate von verschiedenen Views ergaben überraschenderweise, daß die Web-basierte Oberfläche einer vergleichbaren konventionellen Oberfläche sogar überlegen war.

Insgesamt konnte damit gezeigt werden, daß ein Web-basierter Ansatz für das Beobachten und Bedienen von SPS-Anwendungen tragfähig ist. Die Attraktivität des Ansatzes steigt dadurch weiter, daß die Integration von Audio- oder Bildausgaben, Animationen, usw. zu multimedialen Bedienoberflächen einschließlich entsprechenden Hilfesystemen ohne weiteren Aufwand möglich ist. Die Ausnutzung dieser Techniken erschließt einerseits neue Einsatzfelder für konventionelle SPSen, andererseits wird die Integration von PC und SPS-Technologie drastisch enger. Damit wird die nahtlose Integration von SPSen in übergeordnete, verteilte Geschäftsprozesse deutlich realistischer.

6 Zusammenfassung und Ausblick

In diesem Beitrag wurde ein generisches System zur Visualisierung von speicher-programmierbaren Steuerungen auf Basis von Web-Technologie vorgestellt. Ausgehend von der heute nur ungenügend unterstützten Anbindung von SPS-Systemen in offene Kommunikationsstrukturen basiert die vorgestellte Vorgehens-weise auf weltweit akzeptierten Standards und Technologien.

Es kann als mittlerweile gesichert gelten, daß sich TCP/IP als Protokollfamilie des Internets weltweit in kommerziellen Netzen durchgesetzt hat. Auch wenn für viele Anwender Internet und World Wide Web (WWW) gleichbedeutend sind, bleibt festzuhalten, daß neben dem Web-Protokoll HTTP weitere wichtige Internet-Protokolle wie SMTP für den Versand von Electronic Mail und SNMP als Management-Protokoll existieren und von zahlreichen Anwendungen eingesetzt werden.

Die durch die Ergebnisse der vorgestellten Arbeit erreichte Anbindung von Geräten und Teilsystemen in heutige TCP/IP-basierte Netzwerke kann für vielfältige Aufgaben der Konfiguration, Inspektion/Wartung, Qualitätssicherung, Maschinen-datenerfassung, Produktionsplanung und –vorbereitung sowie zur Anbindung an kaufmännische Systeme eingesetzt werden. Insbesondere der Aspekt der Fernwartung und –diagnose kommt eine besondere Bedeutung zu.

Zusammenfassend läßt sich festhalten, daß der Machbarkeit nach den Erfahrungen nichts im Wege steht und das bei weiter fortschreitender Infrastruktur solche Anwendungen in der industriellen Praxis kurz vor der Einführung stehen.

7 Literaturverzeichnis

[1]   OPC Spezifikation; OPC foundation P.O. Box 140524, Austin, Texas , 1998

[2]   IEC1131-Standard, Part 1-5; International Electrotechnical Commision, Genf, 1992

[3]   Neumann, P.; Grötsch, E.E.; Lubkoll, C.; Simon, R.: "SPS-Standard   IEC 1131 - Programmierung in verteilten Automatisierungssystemen", Oldenbourg-Verlag, 1995

[4]   Turau, V.: "Techniken zur Realisierung Web-basierter Anwendungen", Informatik Spektrum 22: 1-2 (1999), Springer-Verlag, 1999

[5]   Hermes, K.-P.: "Generische Visualisierung von SPS-Anwendungen auf Basis von Web-Technologie", Diplomarbeit an der FH-Wiesbaden, 1999

[6]   Sucosoft S40-Benutzeroberfläche, Moeller GmbH, 1998

Multi-Media und VR-Techniken für Wartung und Training an technischen Systemen

P. F. Elzer, R. Behnke, B. Boussoffara
Institut für Prozeß- und Produktionsleittechnik
Technische Universität Clausthal
Julius-Albert-Str. 6
38678 Clausthal-Zellerfeld, Deutschland

C. Beuthel
ABB Corporate Research Center
Speyerer Strasse 4
D-69003 Heidelberg, Deutschland

1 Einleitung

Der Begriff der "Neuen Medien" - worunter meist "Multi-Media" (MM) und "Virtuelle Realität" (VR), manchmal auch noch "Computer Augmented Reality" (CAR) - verstanden werden, beherrscht seit einigen Jahren die Diskussion über die zukünftige Entwicklung der Mensch-Maschine Schnittstellen. Was jedoch den Nutzen dieser Techniken für Anwendungen auf dem Gebiet der Prozeßleittechnik angeht, so herrscht hier noch eine gewisse Unklarheit, bisweilen sogar Skepsis. Letztere bezieht sich vor allem auf die Brauchbarkeit der auf den genannten Gebieten üblichen Endgeräte im harten Dauerbetrieb und auf ihre ergonomische Qualität.

Am IPP wurden deshalb eine Reihe von Techniken aus den Gebieten "Multi-Media" (MM), "Virtuelle Realität" (VR) und "Computer Augmented Reality" (CAR) prototypisch implementiert, um ihre Tauglichkeit im Rahmen der Prozeßleittechnik beurteilen zu können. Diese Arbeiten wurden durch eine Studie ergänzt, in der die Eigenschaften von VR-Techniken - speziell unter ergonomischen Gesichtspunkten - systematisch bewertet wurden (Beuthel 1997). Insgesamt stellte sich heraus, daß von den neuen Techniken hauptsächlich in den Bereichen Wartung und Training Fortschritte zu erwarten sind. Dies soll an folgenden Beispielen deutlich gemacht werden:

- dem Einsatz von CAR-Techniken für die Unterstützung und Anleitung von Wartungspersonal;
- der Anwendung "pseudo-immersiver" VR-Techniken, wie z.B. einem Positionssensor für Kopfbewegungen, um einen dreidimensionalen Eindruck von Objekten zu erhalten, ohne einen "Datenhelm" benutzen zu müssen;
- einer grafischen Technik für interaktive Suche in großen Datenbeständen - wie z.B. einer Systemdokumentation - ohne die Notwendigkeit der Formulierung abstrakter Datenbankabfragen.

Wesentliche positive Folgeerscheinungen des massenhaften Einsatzes grafischer Komponenten im Rahmen der neuen Techniken sind die dadurch bedingte Leistungssteigerung bei gleichzeitigem Preisverfall. Dadurch können mit vertretbarem finanziellen Aufwand komplexe grafische Darstellungen geschaffen werden, die in Echtzeit manipulierbar sind. Dies ermöglicht sowohl den Einsatz dreidimensionaler Darstellungen als Bedieninterfaces (Beuthel & Elzer 1997) als auch die Schaffung neuartiger Arbeitsumgebungen für Wartung und Training. Die dabei auftretenden Anforderungen an die Mensch-Maschine-Schnittstelle sollen im Folgenden kurz diskutiert werden.

2   Aufgabenklassen

2.1   Überwachung und Steuerung von technischen Prozessen und Handhabungsautomaten

Die geringe Bedeutung, die den grafischen Möglichkeiten der neuen Techniken im "klassischen" Fall der Überwachung und Steuerung technischer Prozesse eingeräumt wird, erklärt sich weitgehend aus der inzwischen sehr "indirekten" Art des Betriebs. Insbesondere durch den hohen Automatisierungsgrad großtechnischer Systeme - wie z.B. Kraftwerken - ist ihr Verhalten unter normalen Bedingungen weitgehend vom Entwerfer vorherbestimmt und die Aufgabe des Überwachungspersonals besteht im Wesentlichen darin, die Einhaltung der entsprechenden Vorgaben sicherzustellen. Zur Darstellung des Systemzustands dienen abstrakte Darstellungen, die synthetisch erzeugt werden. Nur in seltenen Fällen wird auf den Augenschein ("Außensicht") zurückgegriffen. Abbildung 1 illustriert diesen Fall.

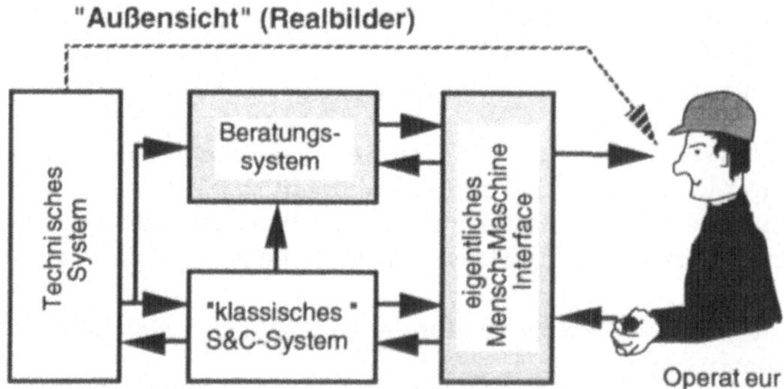

Abb. 1: der Informationsfluß bei Überwachung und Steuerung technischer Prozesse

Anders ist die Situation im Fall der Teleoperation. Ein ferngesteuerter Handhabungsautomat ist normalerweise nicht Gegenstand der Überwachung, sondern "Mittel zum Zweck", nämlich zur Erfüllung von vielerlei Aufgaben, die meist nicht vorher planbar sind. Die Bedienperson muß deshalb sowohl die reale Umgebung, in der sich der Handhabungsautomat bewegt, wie auch dessen mögliches Verhalten berücksichtigen. Es ist deshalb eine hybride Darstellung aus realem Bild der Umgebung und abstrakter Darstellung der Aktionsmöglichkeiten des Geräts nötig - ein typischer Fall für den Einsatz von CAR-Techniken. Ein Beispiel für ein derartiges Interface ist in (Friz et al., 1998) dargestellt. Abbildung 2 illustriert diesen Fall.

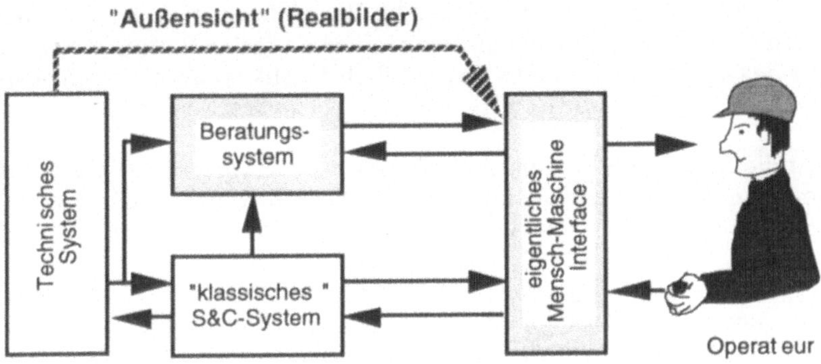

Abb. 2: der Informationsfluß bei Teleoperation

2.2 Wartung

Bei der Wartung ist die Situation genau umgekehrt wie bei Steuerung und Überwachung. Hier ist die "äußere Erscheinung", d.h. das reale Bild des zu wartenden technischen Systems meist die hauptsächliche Quelle für Information über dessen Zustand. Strenggenommen gilt dies aber nur dann, wenn die zu wartenden Komponenten nicht unter einer irgendwie gearteten Hülle verborgen sind. In diesem Fall muß das reale Bild wieder durch entsprechende Strukturinformation ergänzt werden. Ein wertvolles Hilfsmittel sind auch Handlungsanweisungen, die dem Realbild überlagert werden. Beide Fälle benötigen also hybride Darstellungen und stellen somit hervorragende Anwendungsfälle für CAR-Techniken dar.

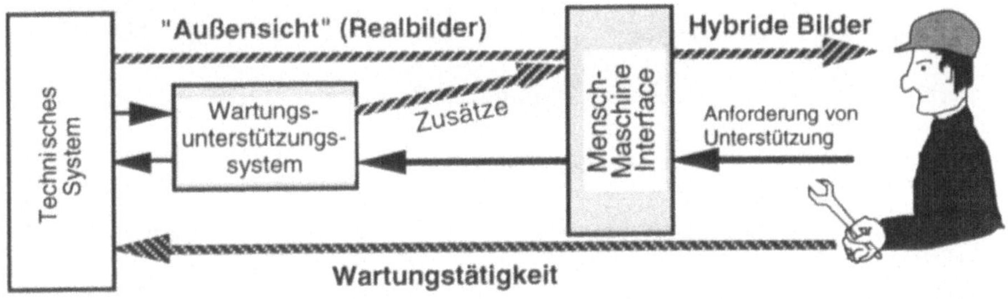

Abb. 3: Wartung eines technischen Systems bei direktem Zugriff durch das Personal

2.3 Training

Hierbei ist zu unterscheiden zwischen
a) Training für Überwachung und Steuerung (mit den Unterkategorien "Überwachung und Steuerung technischer Prozesse" und "Teleopeation") und
b) Training für Wartung.

Im Fall der Überwachung und Steuerung technischer Prozesse kommt es darauf an, daß sowohl die Benutzerschnittstelle als auch das Verhalten des Prozesses möglichst weitgehend dem späteren Betriebsfall ähneln. Es werden also in der Trainingswarte die gleichen - abstrakten - Darstellungsformen wie im realen Betrieb verwendet. Das Verhalten des Prozesses ist durch ein möglichst vollkommenes (mathematisches) Simulationsmodell nachzubilden. VR oder CAR-Techniken werden nicht benötigt.

Anders ist die Situation bei Training für Teleoperation. Da hier das Verhalten eines Teleroboters in der späteren realen Umgebung wesentlich ist, sollte diese möglichst realitätsnah nachgebildet werden. Dies legt den Einsatz von VR-Techniken nahe.

Daraus ergibt sich eine weitgehende Ähnlichkeit mit Fall "b". Auch hier ist es nötig, den zu Trainierenden einen möglichst realitätsnahen Kontakt mit den zu wartenden Komponenten oder Systemen zu ermöglichen. Der Idealfall ist dabei natürlich das Training am realen Objekt. Damit entspricht es der Wartung nach 2.2 (wobei eine noch weitergehende Unterstützung durch Hinweise wünschendwert ist) und stellt einen Anwendungsfall für CAR-Techniken dar.

Ist es aber (aus welchen Gründen auch immer) nicht möglich, Training am realen Objekt durchzuführen, bietet es sich an, dieses durch eine "optische Computersimulation", d.h. eine VR-Darstellung zu ersetzen. Abbildung 4 illustriert diese beiden Fälle.

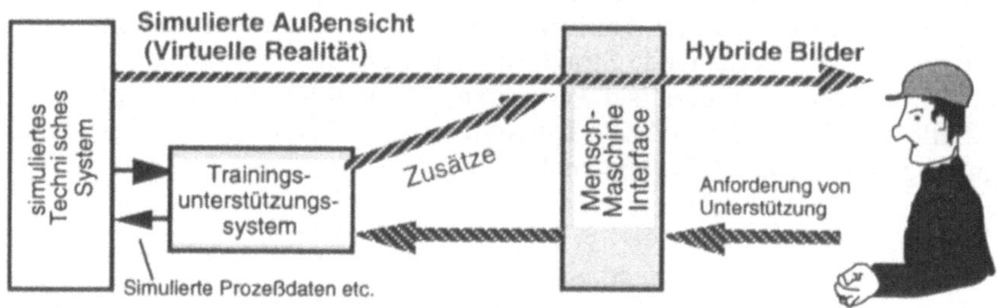

Abb. 4: Training für Wartung

2.4 Suche nach Systemdokumentation

Diese Aufgabe wird fast immer unterschätzt und entsprechend wenig unterstützt. Dabei tritt sie gerade dann auf, wenn das Personal sowieso schon besonderem Streß ausgesetzt ist, nämlich in Störungssituationen, die ihm nicht vertraut sind. Dabei muß es dann auch noch eine weitere Aufgabe erfüllen, die ihm wenig vertraut ist - die Suche in umfangreichen Texten mit meist wenig transparenter Struktur.

Die üblichen Lösungsvorschläge werden dem Problem nicht gerecht. Der meist vorgeschlagene Einsatz einer Datenbank erfordert einerseits eine ziemlich präzise Kenntnis der richtigen Suchbegriffe, andererseits eine gewisse Übung in formal logischem Denken, um die Suche effizient durchführen zu können. Hypertextsysteme sind in dieser Beziehung zwar flexibler und "toleranter", weisen aber bekanntermaßen das Problem auf, daß es den Nutzern nach einer gewissen Anzahl von Suchschritten nicht mehr ohne weiteres gelingt, den ursprünglichen Zweck ihrer Suche zu rekonstruieren ("getting lost in Hyperspace").

Es ist also notwendig, auch diese Tätigkeitsklasse durch die Anwendung von Techniken zu unterstützen, die besser auf die assoziativen Fähigkeiten von Menschen eingehen und abstrakte Sachverhalte - wie etwa den Inhalt einer Dokumentenbasis - durch Darstellungsformen vermitteln, die den natürlichen Fähigkeiten des Menschen besser angepaßt sind. Hier bieten sich Techniken an, die aus der "ökologischen Betrachtungsweise der menschlichen Perzeption" (Gibson, 1986) hergeleitet sind.

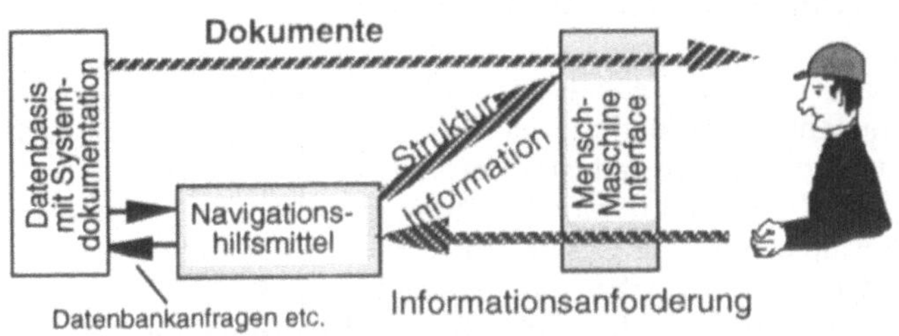

Abb. 5: Suchen nach Dokumentation

Im folgenden Abschnitt sollen nun einige der Komponenten vorgestellt werden, die am IPP zur Unterstützung der beschriebenen Arbeitsprozesse prototypisch entwickelt wurden.

3 Prototypische Realisierungen

3.1 CAR zur Unterstützung von Wartungspersonal

Als Beispiel dafür, wie die Funktion neuartiger Endgeräte in dem Arbeitsalltag entnommener Hilfsmittel eingebaut werden kann, wurde ein "CAR-Helm" entwickelt, dessen Schema in Abb. 6 dargestellt ist.

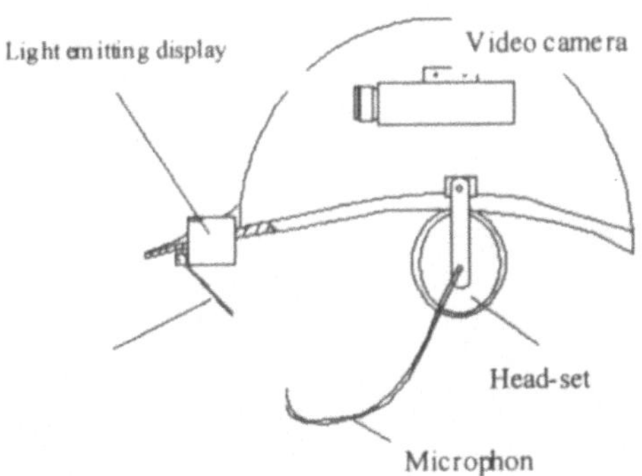

Abb. 6: Schutzhelm mit CAR-Einrichtung

Er besteht im Prinzip aus einem üblichen Schutzhelm, an dem eine Schutzbrille befestigt ist, wie man sie z.B. an Arbeitsplätzen benötigt, wo mit augenschädigender

Staubentwicklung gerechnet werden muß. Diese Brille ist halbdurchlässig ausgeführt, so daß über einen am Helm befestigten Miniaturprojektor Information eingespiegelt werden kann. Damit kann ihr Träger sowohl die Umgebung wahrnehmen als auch z.B. Hinweise, die ihm bestimmte Arbeitshilfen geben. Zur Übernahme weiterer Funktionen kann ein solcher Helm noch mit anderen Endgeräten ausgestattet werden, wie Abb. 6 ebenfalls illustriert.

3.2   VR-Techniken zur Trainingsunterstützung

Mit dem Begriff "Virtuelle Realität" wird meist - auf Grund der einschlägigen Publizität - ein "Datenhelm" assoziiert, der sich wegen seiner ergonomischen Nachteile nicht für Dauergebrauch am industriellen Arbeitsplatz eignet. Als Alternative wird häufig die "CAVE"-Technik betrachtet. Diese erfordert es zwar nicht, daß Menschen über lange Zeit unangenehme Geräte am Körper tragen müssen, schließt sie jedoch ebenfalls aus der restlichen Arbeitsumgebung aus. Außerdem wird sie meist so realisiert, daß zur Erzielung eines dreidimensionalen Eindrucks von der dargestellten virtuellen Umgebung die Benutzung einer Stereobrille nötig ist. Damit ist diese Technik - ebenso wie der Datenhelm - für Menschen unbrauchbar, die auf einem Auge nicht vollsichtig sind.

Durch die Ausnutzung der "Bewegungsparallaxe" (Smets, 1992) können diese Nachteile vermieden werden. Die zugrundeliegende Beobachtung ist die, daß Menschen (wie auch viele Tiere) dadurch einen plastischen Eindruck von ihrer Umgebung erhalten, daß sie den Kopf hin- und herbewegen, wodurch sich Gegenstände gegeneinander verschieben, die sich in verschiedener Entfernung vom Beobachter befinden. Nach manchen Untersuchungen ist dieser Effekt sogar wirksamer als der der "Triangulation", die üblicherweise als Basis dreidimensionalen Sehens betrachtet wird. Durch die Anwendung dieses Prinzips wird der Bau wesentlich einfacherer und ergonomisch angenehmerer "VR-Umgebungen" möglich.

Abb.7: Entstehung eines dreidimensionalen Eindrucks durch Kopfbewegungen

Zur Arbeit vor einem Bildschirm ("nicht immersive VR") genügt z.B. eine normale Brille oder ein Schutzhelm, an die ein Positionssensor befestigt ist, der die Kopfhaltung des vor dem Bildschirm arbeitenden Menschen ermittelt. Damit kann die Darstellungskomponente eines CAD-Programms so gesteuert werden, daß sich die Perspektive eines auf dem Bildschirm dargestellten Gegenstandes in Abhängigkeit von den Kopfbewegungen des Betrachters ändert. Damit entsteht auch ohne den Einsatz einer "Shutterbrille" ein dreidimensionaler Bildeindruck.

Eine Erweiterung dieser Technik auf "immersive VR" stellt eine Großprojektion von etwa 1,50 m Höhe dar, die einen Bildwinkel von 140 - 180 Grad umfaßt. Damit entsteht beim Betrachter sofort der Eindruck physischer Präsenz in der dargestellten virtuellen Umgebung ohne den finanziellen Aufwand für eine "CAVE". Fahrsimulatoren z.B. nutzen diesen Effekt schon lange. Eine derartige Installation eignet sich besonders für die Schulung von Wartungspersonal in komplexen technischen Anlagen.

3.3 Unterstützung der Suche nach Dokumentation

Zur Unterstützung der Suche in großen Datenbeständen wurde am IPP im Rahmen einer Dissertation (Krohn, 1996) ein Verfahren entwickelt, das abstrakte Sachverhalte, wie z.B. den Zusammenhang zwischen den Suchbegriffen und den in einer Datenbank vorhandenen Dokumenten grafisch unmittelbar anschaulich macht. Zwei der Grundlagen des Verfahrens seien hier besonders hervorgehoben: das Prinzip der "Navigation im Informationsraum", das an anderer Stelle zur Unterstützung der Suche in wissenschaftlichen Datenbeständen entwickelt wurde (Kupka & Fiege, 1991), und ein Algorithmus zur Projektion hochdimensionaler Räume (wie sie z.B. durch die Anzahl der Deskriptoren bei einem Suchvorgang entstehen) auf die zweidimensionale Fläche eines Bildschirms. Es stellt sich heraus, daß diese Art der Darstellung besonders gut für die "explorative Suche" geeignet ist, d.h. für die Suche nach Information, deren genaue Form man vor Beginn der Suche noch nicht kennt. Dies kommt z.B. sehr häufig bei Entwurfsarbeiten und bei der Suche nach Ursachen einer Störung vor.

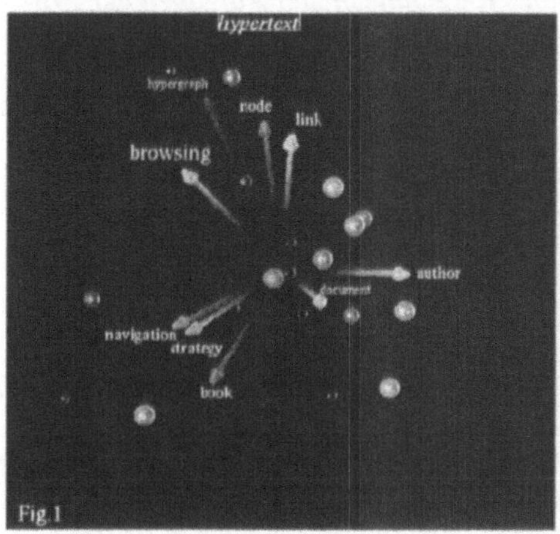

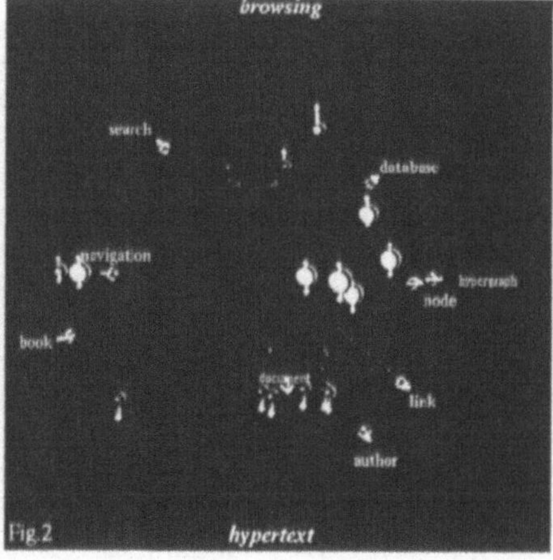

Abb. 8a: erster Suchschritt   Abb. 8b: Verfeinerung der Suche

An einem Prototypsystem konnte gezeigt werden, daß die Navigation durch einen Informationsraum ein sehr effektives Hilfsmittel bei der Suche nach Dokumenten ist. Die Ergebnisse von Benutzerbefragungen zeigen, daß die dabei verwendete grafische Darstellungsform die direkte visuelle Erkennung der Beziehungen zwischen Dokumenten im Informationsraum erlaubt. Besonders vorteilhaft erscheint die Tatsache, daß die Benutzer dieser Technik aktive Teilnehmer eines Suchdialogs sind und nicht nur passive Empfänger des Outputs eines Sytems.

4 Zusammenfassung und Ausblick

Nach Ansicht der Verfasser wird durch die beschriebenen prototypischen Realisierungen verschiedener Techniken aus den Gebieten MM, VR und CAR demonstriert, daß diese für die Unterstützung von Wartung und Training an technischen Systemen geeignet sind und nutzbringend eingesetzt werden können. So kann z.B. das Training realitätsnäher gestaltet und die Suche nach Systemdokumentation erleichert werden. Es hat sich gezeigt, daß die Vorteile der neuen Techniken auch mit Hilfe von Endgeräten erzielt werden können, mit denen Menschen aus einem industriellen Arbeitsumfeld vertraut sind und nicht die ergonomischen Nacheile derjenigen Geräte besitzen, die dafür entwickelt wurden, um die Illusion "virtueller Welten" zu schaffen. Außerdem sind die benutzten Geräte relativ preiswert. In Weiterführung der beschriebenen Arbeiten am IPP werden die einzelnen Testimplementationen in komplexere Umgebungen zur Unterstützung von Wartung und Training integriert. Diese werden dann einerseits als Demonstratoren für die Leistungsfähigkeit der neuen Techniken, andererseits als Testumgebungen für neuentwickelte Komponenten dienen. Insbesondere werden sie als realistische Umgebungen für Experimente dienen, in denen durch Versuchspersonen die Eignung der Geräte und Techniken für den Einsatz in einer industriellen Arbeitsumgebung beurteilt wird.

5 Literatur

Beuthel, R., 1997, *Eignung und Nutzung von VR-Techniken fuer Aufgaben der Prozessleittechnik - eine Abschätzung;* Diplomarbeit, TU Clausthal, Clausthal-Zellerfeld
Beuthel, C., Elzer, P., 1997, Advantages of 3D Displays for S&C of Large Technical Systems, *XVI. European Annual Conference on Human Decision Making and Manual Control,* Kassel, Dezember 1997
Friz, H., Behnke, R., Elzer, P., Dalton, B., Taylor, K., 1998, Fernsteuerung eines Handhabungsautomaten über Internet; in: Holleczek, P. (Hrsg.) *PEARL 98 - Echtzeitsysteme im Netz,* Boppard, 26./27. November 1998, Springer Verlag, S. 32 - 41
Gibson, J. J., 1986 (1. Auflage 1979), *"The Ecological Approach to Visual Perception,"* Lawrence Erlbaum Associates, Hillsdale, NJ
Kupka, I. and Fiege, G., 1991, Navigational Retrieval for Ceramic Materials Information; in: Swiss Materials, *2nd European Seminar on "Data Systems in Materials Technology",* 1991, Interlaken, Schweiz
Krohn, U., 1996, *Visualization for Retrieval of Scientific and Technical Information,* Dissertation, TU Clausthal, Clausthal-Zellerfeld, Papierflieger, ISBN 3-931986-29-2
Smets, G.J.F., 1992, Designing for Telepresence: the Interdependence of Movement and Visual Perception Implemented; *5th IFAC/IFIP/IFORS/IEA Symposium on Analysis, Design and Evaluation of Man-Machine Systems;* Den Haag, Niederlande, Juni 1992, Vortrag 3.1.3

„Echtzeitprogrammierung" in der Automatisierungstechnik-Ausbildung der HTWK Leipzig

Rolf Müller

HTWK Leipzig
Wächterstraße 13
D-04107 Leipzig
email: mueller@et.htwk-leipzig.de

1 Einleitung

Ingenieure der Automatisierungstechnik, die heute eine Hochschule verlassen, sollten gute Kenntnisse auch auf Teilgebieten der Informatik besitzen, denn der Einsatz von Computern, die Vernetzung von Automatisierungssystemen, das Entwickeln von Software usw. gehören zu den Alltagsaufgaben vieler Automatisierungstechniker. Die relativ enge Verknüpfung von Automatisierungstechnik und Informatik - Grundlage für den Übergang von einer signalorientierten zur informationsorientierten Automatisierung - wird sich in den folgenden Jahren weiter ausprägen. Einer der Schwerpunkte ist dabei die Entwicklung von Software für Automatisierungsgeräte und -anlagen. Es ist notwendig, diesen Sachverhalt in der Lehre angemessen zu berücksichtigen und deshalb deren Ziele und Inhalte von Zeit zu Zeit neu zu überdenken.

Im Fachbereich Elektrotechnik der HTWK Leipzig erfolgt die Automatisierungstechnik-Ausbildung in den zwei Studienrichtungen „Mess-, Steuerungs- und Regelungstechnik" und „Prozessinformatik und Leittechnik". Zum Lehrprogramm der zukünftigen Diplomingenieure für Automatisierungstechnik gehören u. a. auch Softwaretechnik, Datenkommunikation, Objektorientierte Programmierung sowie die im folgenden vorgestellte Lehrveranstaltung „Echtzeitprogrammierung und Betriebssysteme" als Pflichtfach im 7. Semester.

Studenten der nicht automatisierungstechnisch orientierten Studienrichtungen „Allgemeine Elektrotechnik", „Elektrische Energietechnik" und „Nachrichten- und Kommunikationstechnik" können im 4. Semester das Wahlpflichtfach „Echtzeitsysteme" belegen. In ihm werden ebenfalls Aspekte der Echtzeitprogrammierung aus der Sicht der Prozessautomatisierung behandelt, jedoch wird den geringeren Vorkenntnissen der Hörer auf dem Gebiet der Automatisierungstechnik durch differenzierte Schwerpunktsetzung Rechnung getragen.

Beide Lehrveranstaltungen gliedern sich in drei Semesterwochenstunden Vorlesung/ Übung und eine Semesterwochenstunde Praktikum. Die folgenden Darstellungen beziehen sich auf die Lehrveranstaltung „Echtzeitprogrammierung und Betriebssysteme".

2 Vorlesung „Echtzeitprogrammierung und Betriebssysteme"

Das Ziel der Vorlesung „Echtzeitprogrammierung und Betriebssysteme" ist die Vermittlung von Kenntnissen

- zu Problemen und Methoden der Programmierung von Multitask- bzw. Echtzeitsystemen,
- zum Aufbau und zur Arbeitsweise von Betriebssystemen und
- zur systematischen Vorgehensweise bei der Software-Entwicklung.

Die Vorlesung kann auf Grundkenntnissen der Informatik bzw. der Programmierung (Sprachen Pascal oder C) sowie auf relativ umfassenden Kenntnissen auf dem Gebiet der Automatisierungstechnik einschließlich der Speicherprogrammierbaren Steuerungen aufbauen. Sie konzentriert sich daher auf die speziellen Probleme von Multitask-Systemen und ist in die folgenden Hauptabschnitte gegliedert:

1. Echtzeitsysteme
2. Multitasking
3. Task-Synchronisation und Task-Kommunikation
4. Unterbrechungen
5. Betriebssysteme
6. Echtzeitprogrammierung in PEARL
7. Software-Entwicklung

Zu Beginn werden anhand von Beispielen aus der Automatisierungstechnik, wie der Überwachung und Steuerung eines industriellen Elektroenergiesystems, Rechtzeitigkeit und Gleichzeitigkeit als spezielle Anforderungen an Echtzeitsysteme erläutert und die Motivation für die Beschäftigung mit der Thematik „Echtzeitprogrammierung" beschrieben. Inhalt des Abschnitts 1 sind außerdem u.a. die Unterscheidung von synchroner und asynchroner Programmierung als Formen der Realisierung von Echtzeitprogrammen, die Anwendung von Petri-Netzen zur Beschreibung nebenläufiger Prozesse und ein allgemein gehaltener Überblick über höhere Programmiersprachen für Echtzeitsysteme.

Im Abschnitt 2 werden die Begriffe Rechenprozess und Task eingeführt und unterschiedliche Task-Modelle anhand von Zustandsdiagrammen vorgestellt. Detailliert wird dabei auf die zeit- und ereignisabhängige Einplanung von Tasks und die Aktivierung von Tasks unter PEARL und Ada sowie (in Anlehnung an [1]) auf die entsprechenden Sprachkonstrukte eingegangen. Eine relativ ausführlich Darstellung finden außerdem die Strategien für die Prozessor-Zuteilung.

Den Problemen der Synchronisation konkurrierender und kooperierender Tasks sowie der Kommunikation von Tasks ist Abschnitt 3 gewidmet. Behandelt werden das Semaphorkonzept sowie dessen Realisierung in PEARL, Maßnahmen zur Vermeidung von Verklemmungen, das Problem der Prioritätsinversion, die Synchronisation mit BOLT-Variablen und Monitoren. Außerdem wird die Kommunikation von Tasks über Nachrichten erläutert und zur Vertiefung das Task-Modell von QNX und das Kommunikationskonzept von Mehrrechner-PEARL vorgestellt.

Inhalt des Abschnitts 4 sind die verschiedenen Arten von Unterbrechungen und die Verarbeitung von Unterbrechungen bzw. Ausnahmen. Dabei werden auch die Sprachkonstrukte für die ereignisabhängige Aktivierung von Tasks und die Ausnahmebehandlung in den Programmiersprachen PEARL und Ada beschrieben.

Im Abschnitt „Betriebssysteme" folgt ein allerdings sehr knapper Überblick über Grundfunktionen von Betriebssystemen und deren Realisierung. Bereits am Anfang dieses Abschnitts wird auch auf die verschiedenen Arten von Rechenprozessen eingegangen, der Begriff Thread eingeführt und die Beziehung zwischen Threads und Tasks erläutert. Außerdem werden die Charakteristika von Echtzeitbetriebssystemen sowie die Grenzen des Einsatzes von Standardbetriebssystemen, wie Windows NT oder OS/2, für die Lösung von Echtzeitaufgaben beschrieben.

Nachdem in den bisher beschriebenen Abschnitten schon von Fall zu Fall auch die zugehörigen PEARL-Sprachelemente vorgestellt wurden, folgt im Abschnitt 6 der Vorlesung eine zusammenfassende Darstellung der Echtzeitprogrammiersprache PEARL90 als Basis für das anschließende Praktikum. Diese Sprache wurde gewählt, weil sie sich aus didaktischer Sicht hervorragend für die Beschreibung von Methoden der Echtzeitprogrammierung eignet und weil sie über Sprachkonstrukte verfügt, die bei der Lösung von Automatisierungsaufgaben sehr hilfreich sind. Die Sprachbeschreibung spart allerdings einige Kapitel aus, die für die Lösung der Übungsaufgaben nicht unbedingt benötigt werden (z. B. Pointer).

Prinzipielle Ausführungen zum Prozess der Software-Entwicklung sowie zur Vermeidung häufig auftretender Programmierfehler schließen die Vorlesung ab.

3 Praktische Übungen

3.1 Überblick

Das Praktikum ist ein unabdingbarer Bestandteil der Lehrveranstaltung. Es verdeutlicht, vertieft und festigt die in der Vorlesung vermittelten theoretischen Kenntnisse. Die Durchführung erfolgt in Zweiergruppen unter Benutzung der folgenden Hard- und Software:

- PCs mit I/O-Karte MultiLAB 2/i
  Betriebssystem Windows NT oder OS/2, PEARL-Compiler (Werum)
- Kleinsteuerung (Hutschienenrechner; Basis MC68332) mit Modulen für die Ein- und Ausgabe von Analog- und Digitalwerten
  Betriebssystem RTOS-UH, PEARL-Compiler (Uni Hannover)
- PC mit Feldbuskarte PCFIX und PROFIBUS-Kopplung zu I/O-Busklemmen
  Betriebssystem QNX, C-Compiler
- Mikrocontroller 68HC11 und 68332 als eingebettete Systeme (mobile Roboter)
- SPARC-Workstations ohne Prozessperipherie
  Betriebssystem Solaris

Beim ersten Teil der Praktikumsaufgaben stehen einzelne Konzepte und Methoden der Echtzeitprogrammierung im Vordergrund. Als Beispiel dafür sei die Praktikumsaufgabe „Synchronisation von Tasks" genannt. Sie fordert die Entwicklung eines Programms zur Simulation eines Erzeuger-Verbraucher-Systems und soll die Themen

- Synchronisation von Tasks mit Semaphoren (bzw. Bolt-Variablen),
- Maßnahmen zur Deadlock-Vermeidung und -Erkennung,
- reentrante Prozeduren und
- Zugriffsprozeduren für globale Variable

vertiefen. Im zweiten Teil des Praktikums sind bestimmte Automatisierungsaufgaben unter Einsatz der vorher kennengelernten Methoden zu lösen. Im folgenden werden ausgewählte Aufgaben dieses Teils beschrieben.

3.2 Praktikumsaufgabe „Überwachung und Steuerung eines Reaktors"

Das zu überwachende und zu steuernde Objekt wird durch eine Modelltafel mit der schematischen Darstellung eines Rührkesselreaktors nachgebildet (Abb. 1).

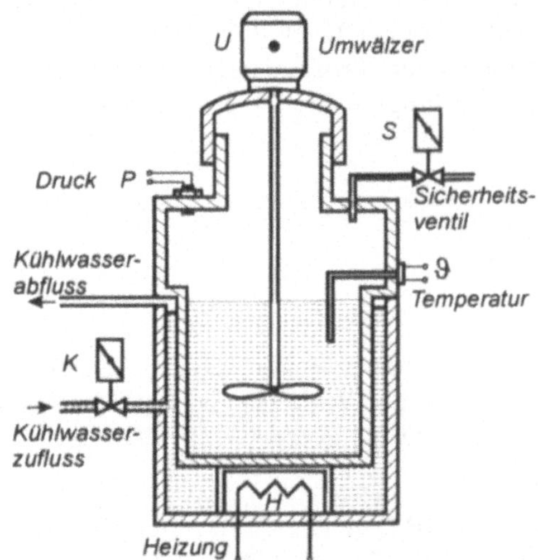

Abb. 1. Modell des Rührkesselreaktors

Es wird angenommen, dass in dem Reaktor ein chemischer Prozess mit einer bestimmten Temperatur und unter einem bestimmten Druck abläuft. Temperatur und Druck müssen sich in einem vorgegebenen Normalbereich bewegen. Grenzwertüberschreitungen werden über Schalter simuliert und in Form der Signale

- Druck zu hoch,
- Druck zu niedrig,
- Temperatur zu hoch bzw.
- Temperatur zu niedrig

gemeldet. Das Steuerungssystem muss darauf in einer vorgegebenen Weise durch Schalten der Heizung und des Umwälzers sowie Öffnen oder Schließen des Kühlwasserventils bzw. des Sicherheitsventils reagieren. Diese Änderungen der Stellgrößen werden durch Leuchtdioden an den entsprechenden Stellelementen in der graphischen Darstellung des Reaktors auf der Modelltafel sichtbar gemacht.

Das zu erstellende Programm soll die Betriebzustände "Stillstand der Anlage", "Anfahrbetrieb" und "Normalbetrieb" unterscheiden. Der Anfahrbetrieb läuft über einen vorgegeben Zeitraum nach dem Start des Reaktors. Neben diesen Aufgaben muss das Programm außerdem Alarme melden, in vorgegebenen Zeitabständen ein Betriebsprotokoll ausgeben und die Mensch-Maschine-Kommunikation zur Steuerung des An- und Abfahrens des Reaktors unterstützen.

Hauptziel dieser Praktikumsaufgabe ist die Vertiefung des Wissens zu den Problemkreisen

- Steuerung paralleler Aktivitäten über Anweisungen und Interrupts,
- PEARL-Datenstationen und
- Ein-/Ausgaben über die Prozessperipherie.

3.3 Praktikumsaufgabe „Steuerung eines Aufzugs"

Für diese Aufgabe steht ein realitätsnah ausgeführter Modell-Aufzug zur Verfügung, dessen Fahrkorb drei Stockwerke anfahren kann. Der Aufzugsmotor ist im Schnell- und Schleichgang betreibbar. Die Türen in den Stockwerken können über separate Antriebe geöffnet bzw. geschlossen werden und ihre Stellung ist über Mikroschalter erfassbar. Auch das Erreichen bestimmter Positionen des Fahrkorbs wird über Mikroschalter bzw. induktive Geber gemeldet. Das Rufen des Aufzugs sowie die Vorgabe des Fahrzieles erfolgt durch Taster, die in Zahl und Anordnung denen an in der Praxis genutzten Personenaufzügen entsprechen.

Insgesamt stehen für die Steuerung des Aufzugs 31 binäre Messgrößen und 24 binäre Stellgrößen zur Verfügung. Ein Schalter ermöglicht die Umschaltung zwischen Automatik- und Handbetrieb.

Aufgabe der Praktikumsteilnehmer ist es, Steuerprogramme zu entwickeln, die verschiedenen Anforderungen genügen (Rufspeicherung, Steuerung mit Richtungspriorität usw.). Beim Entwurf der Programme sollen insbesondere auch Gesichtspunkte der Zuverlässigkeit und Betriebssicherheit berücksichtigt werden, wie beispielsweise

- Bewegung des Fahrkorbes nur, wenn alle Türen geschlossen sind,
- Plausibilitätskontrolle der erfassten Signale zwecks Erkennung von Störungen an den Messwertgebern,
- automatische Erkennung des „Steckenbleibens" des Aufzugs.

Weitere Teilaufgaben betreffen u. a. die Führung und Ausgabe eines Logbuches sowie die Visualisierung des Betriebszustandes des Aufzugs auf einer LCD-Anzeige und auf einem abgesetzten „Leitrechner".

3.4 Steuerung eines mobilen Roboters

Intelligente mobile Roboter sind seit längerem ein weites Feld für wissenschaftliche Forschungs- und Entwicklungsarbeiten. In einigen Fällen haben sie auch schon praktische Anwendung gefunden; z.B. als mobile Überwachungssysteme (Werksschutz), als autonome Transportsysteme in Fabriken und Krankenhäusern und als mobile Erkundungssysteme bei der Erforschung von anderen Planeten (Pathfinder-Mission zum Mars). Beliebte Objekte sind sie jedoch auch in der Lehre, weil man an diesen „intelligenten Verbindungen von Wahrnehmung und Aktion" (Flynn/ Jones) viele technische Lösungen sehr eindrucksvoll vorführen bzw. erproben kann. Als Beispiele seien die Verwendung unterschiedlichster Sensoren für die Erkennung der Umwelt des Roboters, die Informationsverarbeitung durch Mikrocontroller, die drahtlose Kommunikation mit einem Hostrechner oder anderen mobilen Systemen und die Nutzung von Methoden der Künstlichen Intelligenz, wie Neuronale Netze oder Bildverarbeitung, genannt.

Ein interessanter Ansatz für die Steuerung mobiler Roboter ist die sogenannte verhaltensorientierte Robotik bzw. die Subsumtionsarchitektur nach Brooks. Darunter versteht man eine Strukturierung des Steuerungssystems in mehrere Ebenen, die für unterschiedliche Verhaltensweisen (kurz: Verhalten) des Roboters zuständig sind. Ein Verhalten wird i. a. durch einen Sensor ausgelöst. Die Signale der einzelnen Sensoren werden parallel und unabhängig voneinander erfasst und verarbeitet und führen daher u. U. zur Aktivierung mehrerer sich gegenseitig ausschließender Verhalten. Welches von diesen zum aktuellen Zeitpunkt realisiert wird, entscheidet das beim Entwurf festgelegte Prioritätssystem der Subsumtionsarchitektur. Niederpriorisierte Verhalten werden bei Auslösung eines Verhaltens höherer Priorität blockiert, d.h. das höherpriorisierte Verhalten unterdrückt im Konfliktfall die Steuerung durch ein Verhalten niedrigerer Priorität.

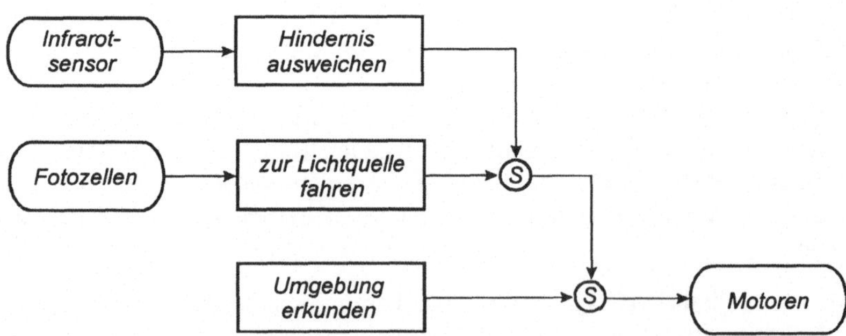

Abb. 2. Beispiel zur Subsumtionsarchitektur

Im Beispiel nach Abb. 2 konkurrieren die Verhalten „Umgebung erkunden" (niedrigste Priorität), „zur Lichtquelle fahren" und „Hindernis ausweichen" (höchste Priorität). Dabei sind S die Subsumtionsknoten, die immer nur das aktive Verhalten der höchsten Priorität an den Aktor durchschalten. Solange kein Hindernis und keine Lichtquelle erkannt werden, bleiben die Verhalten „Hindernis ausweichen" und „zur

Lichtquelle fahren" inaktiv und das Verhalten „Umgebung erkunden" kann den mobilen Roboter steuern. Wird ein Hindernis entdeckt, so übernimmt das Verhalten „Hindernis ausweichen" die Robotersteuerung.

Ein wesentlicher Vorteil der Subsumtionsarchitektur ist vor allem ihre Flexibilität und Transparenz. Zusätzliche Verhalten können unabhängig von anderen Verhalten programmiert und in das Steuerungsprogramm integriert werden. Lediglich über den Konfliktlösungsmechanismus ist eine Kopplung zu den anderen Programmteilen gegeben. In Multitask-Systemen lässt sich die Subsumtionsarchitektur sehr einfach umsetzen, indem jedes Verhalten durch eine separate Task realisiert wird.

Für das Praktikum stehen zwei Roboter *Rug Warrior* zur Verfügung. Hard- und Software dieser Roboter wurden am Mobile Robot Lab des MIT entwickelt. Von den drei Rädern des *Rug Warrior* werden zwei durch getrennt ansteuerbare Motoren angetrieben. Steuerzentrum ist ein Mikrocontroller Motorola 68HC11. Den Aufbau des Roboters zeigt Abb. 3.

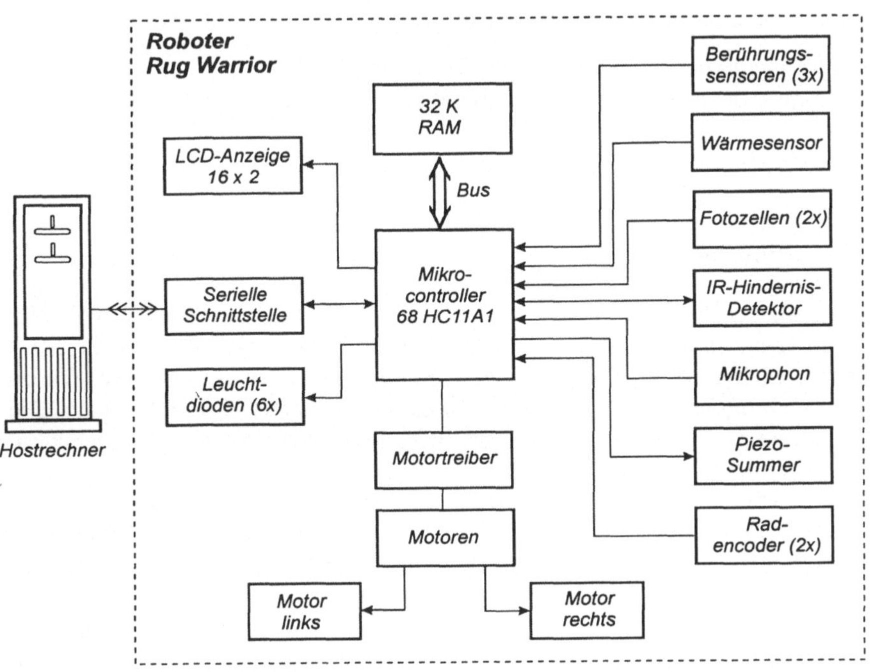

Abb. 3. Blockschaltbild des Roboters Rug Warrior

Auf der Controller-Platine des Roboters befindet sich neben dem 68HC11 u.a. auch die Motorleistungssteuerung (Pulsbreitenmodulation über zwei sogenannte H-Brücken). Als Sensoren dienen drei Mikroschalter (Bumper), zwei Rad-Encoder, zwei Fotowiderstände, zwei Infrarot-LEDs mit einem Infrarotdetektor und ein Mikrofon. Für die Informationsausgabe verfügt der Roboter über eine zweizeilige alphanumerische LCD-Anzeige, vier Leuchtdioden und einen Piezo-Lautsprecher.

Zur Programmierung des Roboters wird *Interactive C* (kurz: IC), eine um Konstrukte für die Parallelverarbeitung erweiterte Untermenge von C, eingesetzt. IC-Quellprogramme werden auf einem Hostrechner entwickelt, in P-Code übersetzt und anschließend über eine serielle Schnittstelle auf den Controller des Roboters geladen. Dieser führt sie dann mit Hilfe eines P-Code-Interpreters aus. Eine spezielle Eigenschaft von IC ist die Multitasking-Fähigkeit, auch wenn diese nur rudimentär ausgebildet ist und die Leistungen nicht mit denen eines Echtzeitbetriebssystems vergleichbar sind. Zumindest sind aber Funktionen für das Erzeugen bzw. Löschen von Tasks, für das zeitabhängige Warten und für die vorzeitige Freigabe des Prozessors vorhanden. Die Prozessorzuteilung erfolgt nach dem Round-Robin-Verfahren.

Die Praktikumsaufgabe „Steuerung eines mobilen Roboters" besteht in der Entwicklung eines Roboterprogramms, das verschiedene Teilaufgaben, wie das Suchen einer Lichtquelle, die Bewegung des Roboters von einer Anfangsposition zu einer Endposition, das Umfahren von Hindernissen und das Führen eines Logbuchs löst. Dabei werden die Auswahl und die Kombination der Teilaufgaben von Fall zu Fall verändert. Hauptziele der Bearbeitung dieser Praktikumsaufgabe sind

- das Kennenlernen eines alternativen Taskmodells,
- die Anwendung der Subsumtionsarchitektur zur Lösung einer Steuerungsaufgabe und
- das Kennenlernen von Spezifika der Programmierung eingebetteter Systeme.

3.5 Durchführung

Die Praktikumsteilnehmer bearbeiten nur eine Auswahl der genannten bzw. verfügbaren Aufgaben; einige davon als Pflichtaufgaben, andere nach ihrer Wahl. Zu jeder Aufgabe erhalten sie eine Aufgabenbeschreibung mit Lösungshinweisen. Die zu erstellenden Programme sind vor dem Praktikum systematisch zu entwickeln. Die systematische Entwicklung umfasst in der Regel die zwei Phasen Programmentwurf und Implementierung.

Die entwickelten Programme werden während der Praktikumszeit getestet. Die Studenten haben jedoch auch die Möglichkeit, zu Studienzwecken auf ihrem privaten PC den PEARL-Compiler der Firma Werum zu installieren und damit ihre Programme zumindest teilweise schon vorher zu erproben.

Die erfolgreiche Teilnahme am Praktikum erfordert neben der Bearbeitung einer bestimmten Anzahl von Aufgaben und dem Erstellen der zugehörigen Dokumentationen die erfolgreiche Teilnahme an einem Abschlusskolloquium. Die Programmdokumentation besteht im einfachsten Fall nur aus einem gut kommentierten Quellprogramm, in anderen Fällen muss sie folgende Teile umfassen:

- Beschreibung der Programmstruktur (Modul-Strukturbaum, Funktions-Strukturbaum, Task-Kopplungsgraphen, Task-Struktogramme o.ä.),
- Kommentierte Quellprogramme,
- Bedienungsanleitung.

4 Erfahrungen, Probleme und Vorhaben

Die Lehrveranstaltungen zur Echtzeitprogrammierung, die am Fachbereich Elektrotechnik der HTWK Leipzig seit 1992 durchgeführt werden, haben unter anderem folgendes gezeigt:

1. In der Vorlesung wäre ein intensiveres Eingehen auf Methoden des Entwurfs von Echtzeitsystemen, auf Fragen der Zuverlässigkeit und Sicherheit sowie auf verteilte Echtzeitsysteme wünschenswert, scheitert aber bisher an der zur Verfügung stehenden Stundenzahl.
2. Das Verständnis für die Probleme und Methoden der Echtzeitprogrammierung wird durch das Praktikum wesentlich unterstützt. Manchmal „fällt der Groschen" erst während des Praktikums.
3. Die praxisnahen Übungsaufgaben finden im Allgemeinen ein größeres Interesse als mehr theoretisch ausgerichtete.
4. Einige Studenten haben anfangs Vorbehalte gegen die Verwendung einer für sie neuen Programmiersprache. Das liegt wesentlich in dem Wissensstand der Studenten begründet. Die theoretischen Probleme von Multitask-Systemen sind ihnen weitgehend fremd und außerdem haben sie auch noch große Unsicherheiten im Umgang mit den ihnen bekannten Sprachen Pascal oder C. Eine ausführliche Begründung für die Beschäftigung mit einer Echtzeitprogrammiersprache ist deshalb sehr wichtig, um die notwendige Motivation zu erzeugen.
5. Probleme bereitet vielen Studenten das systematische Entwerfen der Programme. Die Forderung, nicht sofort mit dem Notieren von Anweisungszeilen zu beginnen, betrachten sie als hinderlich für das schnelle Erreichen des Zieles. Das liegt natürlich auch daran, dass sie keine oder sehr wenig Erfahrung im Umgang mit derartigen Aufgabenstellungen und Methoden haben. Zum anderen sind die Aufgaben zum Teil auch nicht so komplex, dass der Vorteil der geforderten Herangehensweise für sie sofort ersichtlich wäre.
6. Letztendlich resultiert aus 1. und 5., dass eine Erhöhung der Stundenzahl sowohl für die Vorlesung als auch für das Praktikum wünschenswert ist und in Zukunft angestrebt werden sollte.

Der weiteren Qualifizierung der beschriebenen Lehrveranstaltung „Echtzeitprogrammierung und Betriebssysteme" dienen einige Vorhaben. Die dringendsten sind:

1. Entwicklung der Software für PEARLMORO, einen mit PEARL programmierbaren mobilen Roboter.
   Ausgangsobjekt ist ein auf dem Markt verfügbarer Roboter mit dem Mikrocontroller MC 68332. Als Betriebssystem ist RTOS-UH vorgesehen. Angeknüpft wird dabei an das große Interesse der Studenten für die oben beschriebene Praktikumsaufgabe. Die Verwendung von PEARL (anstelle von C oder alternativ zu C) soll die Effektivität bei der Implementierung der Lösungsentwürfe erhöhen und dazu beitragen, dass die sprachunabhängigen Probleme der Echtzeitprogrammierung und der Lösung der jeweiligen Automatisierungsaufgabe besser berücksichtigt werden können.

2. Entwicklung eines Praktikumsexperiments zum Thema „Verteilte Echtzeitsysteme" (evtl. auf der Basis des Betriebssystems QNX).

Erfreulich wäre es, wenn für die Lösung dieser und weiterer Vorhaben interessierte Kooperationspartner von anderen Hochschulen gefunden werden könnten.

5 Literaturempfehlungen

Als Begleitmaterial zur Vorlesung erhalten die Studenten ein relativ umfassende Unterlage im Umfang von ca. 60 Seiten. Ergänzend wird auf folgende Literatur hingewiesen:

1. Herrtwich, R.G./ Hommel, G.: Nebenläufige Programme. Springer-Verlag 1994.
2. Rembold, U./ Levi, P.: Realzeitsysteme zur Prozeßautomatisierung. Carl Hanser Verlag München, Wien 1994.
3. Lauber, R.: Prozeßautomatisierung, Bd. 1, Springer-Verlag, Berlin, 1989.
4. Frevert, L.: Echtzeit-Praxis mit PEARL, B.G. Teubner, Stuttgart, 1987.
5. Reißenweber, B.: Prozeßdatenverarbeitung. Oldenbourg Verlag 1995.
6. Thiele, G.: Software-Entwurf in PEARL-orientierter Form. B.G. Teubner Verlag Stuttgart.
7. Rzehak, H.: Echtzeit-Betriebssysteme - Anwendungen und Stand der Technik. Elektronik 1996, H. 6, S. 106-114 und H. 9, S. 94-98.
8. Wollert, J./ Fiedler, J.: atp-Marktanalyse Echtzeitbetriebssysteme. atp 38(1996)1, S. 33-44.
9. PEARL 90; Sprachreport, V. 2.0. GI-Fachgr. 4.4.2 „Echtzeitprogrammierung, PEARL".
10. PEARL 90 für OS/2 und Windows NT. Benutzerhandbuch. Werum Datenverarbeitungssysteme GmbH.
11. RTOS-UH/ PEARL 90. System-Handbuch. Universität Hannover, Inst. für Regelungstechnik.
12. Jones, J.L./ Flynn, A:M.: Mobile Roboter: Addison-Wesley 1996.

Ein netz- und multimediagestütztes Fernpraktikum

Wolfgang A. Halang, Bernhard Heulmanns und Jutta Düring

Fachbereich Elektrotechnik
FernUniversität
D-58084 Hagen
Wolfgang.Halang@FernUni-Hagen.de

Zusammenfassung Das Konzept des Fernlabors wird vorgestellt. Es handelt sich dabei um einen innovativen, auf der allgemeinen Verfügbarkeit von PCs und Telekommunikationsnetzen sowie dem Einsatz der Multimediatechnik basierenden Ansatz zur Automatisierung von Laborpraktika als Bestandteil der Lehre an Hochschulen und zur sowohl räumlichen als auch zeitlichen Trennung von Studierenden und Versuchsaufbauten bzw. Versuchsdurchführungen. Als erste Umsetzung des Konzepts wurde eine Experimentierumgebung zum Entwurf digitaler Schaltungen erstellt. Eine Reihe weiterer Versuche ist in Vorbereitung.

1 Einleitung

Die didaktischen Hauptelemente einer Universität sind Vorlesungen, Übungen, Laborpraktika und Seminare. An Fernuniversitäten werden die Vorlesungsunterlagen und entsprechende Übungen zu den Studierenden nach Hause geschickt, wo die Unterlagen studiert und die Übungen bearbeitet werden, bevor sie zur Korrektur zurückgesandt werden. Üblicherweise werden die Studienmaterialien und Übungen den Studierenden in gedruckter Form zugesandt, woraufhin diese ihre Antworten ebenfalls per Post zurückschicken.

In letzter Zeit haben die Universitäten begonnen, gedruckte Medien durch elektronische zu ersetzen und Kurse in multimediale Formen zu bringen. Solche Kurse können auf CD-ROMs oder über Kommunikationsnetze verbreitet werden. Elektronische Post scheint das geeignetste Mittel zu sein, Aufgaben zurückzusenden und Fragen zu stellen, und Videokonferenzen werden bereits erfolgreich eingesetzt, um die Anreise der Studierenden zu Seminaren zu vermeiden.

Während die Nutzung neuer Techniken für die oben genannten Zwecke des Fernunterrichts unbestritten ist, ist die Durchführung von Laborpraktika bei den Studierenden zu Hause nicht so einfach, wenn man die Kosten niedrig halten möchte. Hier muß eine innovative Lösung gefunden werden, da Experimente und Arbeit mit praktischen Problemen und Beispielen für das Verständnis technischer Fächer unerläßlich sind. Von einem neuen System zur Durchführung technischer Experimente unter den Bedingungen des Fernunterrichts müssen folgende Anforderungen erfüllt werden: auf Seiten der Studierenden minimale Initialkosten sowie möglichst geringe laufende Kosten entstehend aus der Nutzung gebührenpflichtiger elektronischer Dienste, Vermeidung von Reisen und Bereitstellung einer angemessenen Umgebung mit großer Flexibilität beim Experimentieren. Letzteres soll insbesondere nach den zeitlichen Möglichkeiten der Studierenden erfolgen und nicht auf die Arbeitszeit der Laborbetreuer beschränkt sein.

In diesem Artikel wird eine neuartige Idee präsentiert, diese Bedürfnisse zu den gegebenen Bedingungen zu erfüllen. Das Konzept nennt sich *Fernlabor*. In der Annahme, daß die Studierenden einem PC mit Zugang zum Internet und einen WWW-Browser haben, werden seitens der Studierenden keine neuen Investitionen benötigt. Diese Annahme ist durchaus zu rechtfertigen, da bereits etwa 98% der Elektrotechnikstudierenden der FernUniversität eigene Rechner besitzen. Zum Experimentieren arbeiten die Studierenden mit besonderen Programmen auf ihren Rechnern. Dabei werden Daten erzeugt und über das Netz zur Universität übermittelt, wo sie in automatisch gesteuerte Experimentiereinrichtungen geladen werden. Es werden Ergebnisse zurückgeschickt, die den Studierenden zeigen, wie ihre Experimente gelaufen sind, und die im Falle von Fehlern Rückmeldungen für Verbesserungen enthalten.

2   Technisches Konzept

Software-Projekte können von Studierenden leicht und ohne Umstände zu Hause verwirklicht werden. Nachdem sie Programme auf ihren eigenen Rechnern entwickelt haben, brauchen die Studierenden nur ihre Datensätze zu verarbeiten und die Ergebnisse zu übermitteln. Es ist deutlich schwieriger, bei Laborexperimenten mit praktischer Hardware-Arbeit ähnlich vorzugehen. Solche Experimente können nicht über das Netz ausgeführt werden, da sie manuelle Installationen vor Ort verlangen. Für eine Laborübung zum Entwurf digitaler Schaltungen bedeutet dies beispielsweise, Schaltkreise aus Komponenten unter Verwendung von Steckplatinen und Drahtverbindungen zusammenzubauen. Mit dem Aufkommen der programmierbaren Schaltungstechnik sind diese Techniken jedoch überflüssig geworden. Durch Benutzung RAM-basierter rekonfigurierbarer Gate Arrays (FPGAs) ist es jetzt möglich, vollständige Laborprojekte über ein Netz und nur auf Software beruhend auszuführen.

Eine ähnliche Beobachtung kann im Hinblick auf die Prozeßautomatisierung gemacht werden, wo das Schwergewicht auf Ingenieurarbeit liegt und sich der Lehrbedarf in Richtung Software verschoben hat. An der Technischen Universität Wien gab diese Beobachtung Anlaß zu neuen Laborkonzepten, wie sie in [1, 2] beschrieben wurden. Hier entwickeln die Studierenden Software zur Ablaufsteuerung auf individuellen Workstations. Wenn ein Programm fertig ist, wird es über ein lokales Netz an einen Hauptrechner geschickt, wo es in eine Warteschlange gestellt wird, bis ein entsprechender Prüfstand in Form eines Ablaufmodells zur Verfügung steht. Dann wird dieser Ablauf, vom Studentenprogramm gesteuert, durchgeführt. Die Studierenden können ihre Experimente beobachten, aber sie brauchen die Modelle nicht einmal zu berühren (was sie aus organisatorischen Gründen auch nicht dürfen), da sich diese in transparenten Kästen befinden.

Für das Fernlabor erweitern wir dieses Konzept durch zwei Hauptmerkmale:

- Nach Entfernen von Fehlern werden die Studentenprogramme zuerst an Ablaufsimulatoren gegeben, die auf den PCs der Studierenden laufen, um erfolglose Testläufe und die Kosten für die entsprechenden Datenübertragungen wie auch eventuelle Beschädigungen der Experimentiervorrichtungen zu vermeiden.
- Das lokale Netz wird durch Fernverbindungen, im allgemeinen das Internet, ersetzt.

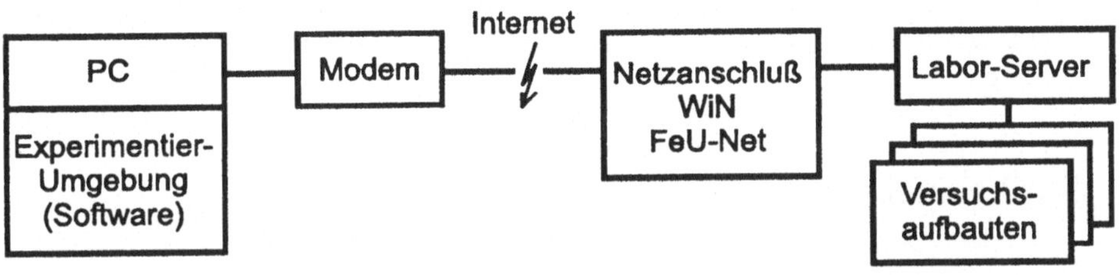

Bild 1. Hardware- und Software-Aufbau

So ergibt sich die in Bild 1 dargestellte experimentelle Konfiguration. Die Studierenden entwickeln Steuerungsprogramme für ihre Experimente, die zunächst auf ihren eigenen Rechnern zu Hause mit von ihrer Universität zur Verfügung gestellten Werkzeugen simuliert werden. Wenn dieser Schritt erfolgreich beendet worden ist, werden die Steuerungsprogramme über das Internet übermittelt, wozu verschiedene Dienste genutzt werden können — im einfachsten Falle elektronische Post. Der entsprechende Server an der Universität stellt eingehende Datensätze in eine Warteschlange, simuliert die Experimentierläufe sicherheitshalber noch einmal und lädt dann jedes Steuerungsprogramm in eine versuchsspezifische Anordnung, um das Experiment auszuführen. Es werden Ergebnisse zurückgeschickt, die den Studierenden zeigen, wie ihre Experimente gelaufen sind, und die im Falle von Fehlern Rückmeldungen für Verbesserungen enthalten.

Der Lehrstuhl für Informationstechnik der FernUniversität plant, folgende Praktikumsversuche im Rahmen des Fernlabors anzubieten:

- Programmierung und Emulation des ersten frei programmierbaren Digitalrechners Zuse Z3,
- Programmierung und Emulation eines hypothetischen Rechners mit RISC- und Stapel-Architektur,
- Entwicklung und Erprobung digitaler Schaltungen auf der Basis feldprogrammierbarer Logik (FPGAs),
- Programmierung von Prozeßautomatisierungsanwendungen in PEARL und Einsatz eines Einplatinenrechners als Ablaufumgebung,

- Programmierung eines Mikrocontrollers zur Anwendung für Steuerungsaufgaben,
- Konfigurierung eines Multifunktionsreglers zur Anwendung für Regelungsaufgaben und
- Konfigurierung eines Prozeßleitsystems mittels Funktionsplänen zur Durchführung von Prozeßautomatisierungsaufgaben.

Dabei benötigen die ersten beiden der genannten Anwendungen nur den Server selbst, während für die übrigen die jeweils genannten Geräte über serielle Schnittstellen an den Server angeschlossen werden. Mit den so verbundenen Prozeßautomatisierungsgeräten werden dann geeignete Prozeßmodelle gesteuert bzw. geregelt.

3 Funktionsumfang

Aus den Bedürfnissen der drei Benutzergruppen

Studierende: Diese informieren sich im Internet anhand der Präsentation der angebotenen Praktika und melden sich zu einem oder mehreren Versuchen an. Sie bearbeiten mittels Lernstoff und Vorbereitungsunterlagen virtuelle Versuche und senden ihre Lösungen zu realen Versuchsaufbauten an der FernUniversität. Anschließend erhalten sie die Ergebnisse der realen Versuchsdurchführungen und arbeiten gegebenenfalls noch die Versuche aus.

Laborbetreuer: Dem Laborbetreuer an der FernUuniversität obliegt die Pflege und Wartung der virtuellen und realen Laborversuche. Er beantwortet Fragen der Studierenden bei technischen und fachlichen Problemen.

Prüfungsamt: Bei der Anmeldung eines Studierenden zu einem Praktikum ist vom Prüfungsamt die Zulassung zu erteilen. Der erfolgreiche Abschluß des Praktikums (Erlangung des Haupttestats) ist dem Prüfungsamt zur Registrierung anzuzeigen.

ergibt sich folgender Funktionsumfang des Fernlabors, der sich in acht Bereiche unterteilen läßt:

1. Präsentation und Anmeldung:
   (a) Präsentation der angebotenen Praktika im Internet
   (b) Anmeldung eines Studierenden zum Fernlabor
2. Praktikumsvorbereitung:
   (a) Übermittlung der Unterlagen für die Versuchsvorbereitungen (zusätzliches Lehrmaterial, Versuchsbeschreibungen)
   (b) Übermittlung aller Programme und zugehöriger Dokumentationen, die für die Versuche benötigt werden
   (c) Einsenden von Antworten auf die Versuchsvorbereitungsfragen
   (d) Rücksenden von Musterlösungen der Versuchsvorbereitungsfragen

3. Virtuelle Durchführung: Durch Bereitstellung eines Abbildes eines realen Versuchsaufbaus, der dann vom Studierenden programmiert werden kann, erhält dieser die Möglichkeit
   - zur Parametrierung,
   - zur Belegung mit Eingangsdaten,
   - zur Simulation und
   - zur Visualisierung von Ausgangsdaten.

4. Experimentelle Durchführung: Die durch einen virtuellen Laborversuch erzeugten Parametrierungs- und Eingangsdaten werden zur experimentellen Durchführung mittels folgender Funktionen an den realen Versuchsaufbau gesandt und ausgewertet:
   (a) Einsenden von Versuchsdaten vom Studierenden zur realen Versuchsdurchführung
   (b) Rücksendung der Ergebnisse (Ausgangsdaten) der realen Versuchsdurchführung an den Studierenden zusammen mit einem Vortestat bei Erfolg oder einer Fehlerbeschreibung

5. Versuchsausarbeitung:
   (a) Übermittlung der Unterlagen zur Versuchsausarbeitung
   (b) Einsenden von Antworten auf die Versuchsausarbeitungsfragen
   (c) Rücksenden von Musterlösungen der Versuchsausarbeitungsfragen

6. Testierung: Bei erfolgreichem Abschluß eines Fernlaborversuches wird ein Abschlußtestat (Haupttestat) an den Studierenden übermittelt.

7. Organisation des Fernlabors: Zur Ausführung der realen Laborversuche sowie zur Koordination und für den korrekten Ablauf des Fernlabors dienen folgende Funktionalitäten:
   (a) Vergabe einer Identifikationsnummer an jeden Praktikumsteilnehmer nach Überprüfung der Zugangsvoraussetzungen
   (b) Verwaltungseintrag jedes Teilnehmers mit den benötigten Daten
   (c) Verwaltung der auszuführenden realen Laborversuche in einer Warteschlange
   (d) Überprüfung und Verwaltung der Versuchsvorbereitungsfragen
   (e) Überprüfung und Verwaltung der Versuchsausarbeitungsfragen
   (f) Überprüfung der eingesandten Versuchsdaten auf Gültigkeit
   (g) Durchführung experimenteller Laborversuche mit den eingesandten Versuchsdaten
   (h) Löschen der Identifikationsnummer nach Beendigung der Praktikumsteilnahme (durch Abbruch oder erfolgreichem Abschluß)
   (i) Mitteilungen an das Prüfungsamt sowie den Laborbetreuer

8. Systemadministration auf dem Server:
   (a) Zugriffskontrolle und Authentifizierung
   (b) Oberfläche zur Verwaltung des Rechners bzw. der Laborversuche
   (c) Erstellung von Protokolldateien
   (d) Erstellung von Statistiken

Der Anwenderteil des Systems Fernlabor wird dem Studierenden nach Anwahl und Freischaltung des Praktikums von der Web-Seite der FernUniversität nach Hause auf seinen Rechner übermittelt. Da unterschiedliche Rechnerplattformen existieren und Mehrfachhaltung funktionsgleicher Programme für die jeweiligen verschiedenen Plattformen vermieden werden soll, bestand die Notwendigkeit, die Programme in plattformübergreifenden Programmiersprachen und Skripten zu schreiben. Plattformübergreifend bedeutet dabei, daß die Studierenden mit unterschiedlicher Rechner-Hardware auf die Web-Seite zugreifen und jedes beliebige zu dieser Hardware passende Betriebssystem und jeden passenden Browser verwenden können.

4 Implementierungskonzept

Mit dem Zugang zum und der Nutzung verschiedener Dienste des Internets liegt beim Fernlabor ein Client-Server-System mit dem Internet als Netz vor. Die Clients stellen hier die Rechner der Studierenden dar, als Server wird ein dedizierter Rechner am Lehrstuhl für Informationstechnik der FernUniversität bezeichnet.

Durch die Notwendigkeit, den Anwenderteil des Fernlabors plattformübergreifend, d.h. mit architekturneutralen Elementen, zu programmieren, bot sich in Verbindung mit der Publizierung im Internet folgender Lösungsansatz an:

- Textinformationen, wie z.B. die Lernstoffsammlung, die Präsentation innerhalb der Web-Seite oder die Versuchsbeschreibungen, wurden in der auf SGML basierenden Beschreibungssprache HTML verfaßt. Diese HTML-Dokumente haben drei wesentliche Vorteile: erstens werden HTML-Dokumente über das HTTP-Protokoll im Internet übertragen, zweitens ermöglichen sie es den Studierenden, Texte und zusätzliche visuelle Informationen auf nicht-lineare Weise zu lesen und durch sie zu navigieren, und drittens werden HTML-Dokumente vom Web-Browser erst nach der Übertragung auf ein Zielsystem formatiert und angezeigt. Um ein Maximum an Akzeptanz bzw. Flexibilität im Layout, aber ebenso weitestgehende Unterstützung durch die verschiedenen Browser zu erlangen, wird HTML in der Version 3.2 verwendet. Browser-spezifische HTML-Erweiterungen wurden ausgeschlossen.
- Animationen sowie die eigentlichen virtuellen Laborversuche wurden in der objektorientierten Hochsprache Java geschrieben. Die geforderte Architekturneutralität ist durch den vom Java-Übersetzer erzeugten Zwischencode, ein Binärcode für einen genau spezifizierten virtuellen Prozessor, gegeben. Dieser auch Bytecode genannte Zwischencode wird über den gleichen Kommunikationsweg zwischen Client und Server transferiert, der auch von den HTML-Dokumenten genutzt wird. Der virtuelle Prozessor wird dabei auf den Zielsystemen durch eine virtuellle Java-Maschine (JVM) emuliert, die den Bytecode interpretiert und Java-Programme ausführt.
  Bei Java-Programmen wird zwischen zwei Arten unterschieden. Die sogenannten Java-Applikationen sind eigenständige Programme, die mit einer autarken JVM lauffähig sind. Java-Applets sind dagegen in eine Web-Seite integriert und können auf dieser Web-Seite Animationen erzeugen und inter-

aktive Werkzeuge bereitstellen. Zur Ausführung von Applets müssen Web-Browser über eine integrierte JVM verfügen. Die meisten Web-Browser unterstützen Java-Applets, die unter Verwendung des Java Development Kits (JDK) in der Version 1.0.2 entwickelt wurden. Für Java-Applikationen gilt diese Restriktion nicht, so daß hierfür das JDK in der Version 1.2 eingesetzt wurde.

— Das Zusammenwirken von Anwender und Rechner wird durch die graphische Benutzerschnittstellle festgelegt. Bei den HTML-Dokumenten ist diese inhärent gegeben; bei den Java-Applikationen bzw. -Applets wurde das Abstract Window Toolkit verwendet.

— Der Rechner an der FernUniversität läuft unter dem Betriebssystem Linux. Seine Funktionalität als Web-Server wurde durch Installation der Apache HTTP-Server-Software erreicht. Beim Fernlabor kommt es zu Dialogen zwischen Studierenden und dem Server. Hierbei kann zwischen zwei verschiedenen Arten von Dialogen unterschieden werden:

  • Online-Dialog: Ein Studierender ist mit dem Server über das Internet verbunden. Alle vom Studierenden ausgelösten Anfragen sowie Datenübermittlungen haben eine direkte Quittierung seitens des Servers zur Folge. Zum Zeitpunkt der Quittierung ist der Benutzer mit dem Netz verbunden.

    Ein Beispiel für einen Online-Dialog stellt die Anmeldung zur Laborteilnahme dar. Die Anmeldung wird sofort nach Übermittlung der Anmeldedaten bestätigt. Weiterhin muß die Anmeldung zum Prüfungsamt zur Zulassungsprüfung geleitet werden.

    Die Online-Dialoge werden über Common-Gateway-Interface-Skripte (CGI) abgewickelt, da sie die interaktive Ausführung von Programmen auf einem Web-Server gestatten. Zur Programmierung der Skriptdateien wurde die Programmiersprache Perl in der Version 5 verwendet. Bild 2 verdeutlicht die Rolle der CGI-Programmierung bei Dialogen.

  • Offline-Dialog: Ein Studierender hat Daten zur Ausführung eines realen Experimentes übermittelt oder sich für einen Laborversuch angemeldet, die Bereitstellung des Ergebnisses des realen Experimentes oder einer Zugriffsidentifikationsnummer kann jedoch nicht für die Dauer der Netzverbindung des Studierenden garantiert werden. Die Beantwortung dieser Anfragen bzw. die Übermittlung der Ergebnisse werden verzögert mit den Mail-Diensten des Internets realisiert. Durch Einsatz des SMTP/POP3-Mail-Dienstes muß der Studierende bei der Übermittlung von Antworten nicht zwingend mit dem Internet verbunden sein.

— Die Programme zur Verwaltung der Labordaten der einzelnen Praktikumsteilnehmer und zur Analysse der erzeugten Protokolle und Statistiken wurden ebenfalls in der Skriptsprache Perl in der Version 5 geschrieben.

— Der Server umfaßt auch die Schnittstellen zu den einzelnen Versuchen, die nach Übertragung der Benutzerdaten unter Berücksichtigung spezifischer zeitlicher Rahmenbedingungen ausgeführt werden. Da die einzelnen realen Laborversuche sehr unterschiedlich aufgebaut sind, wurde eine programmier-

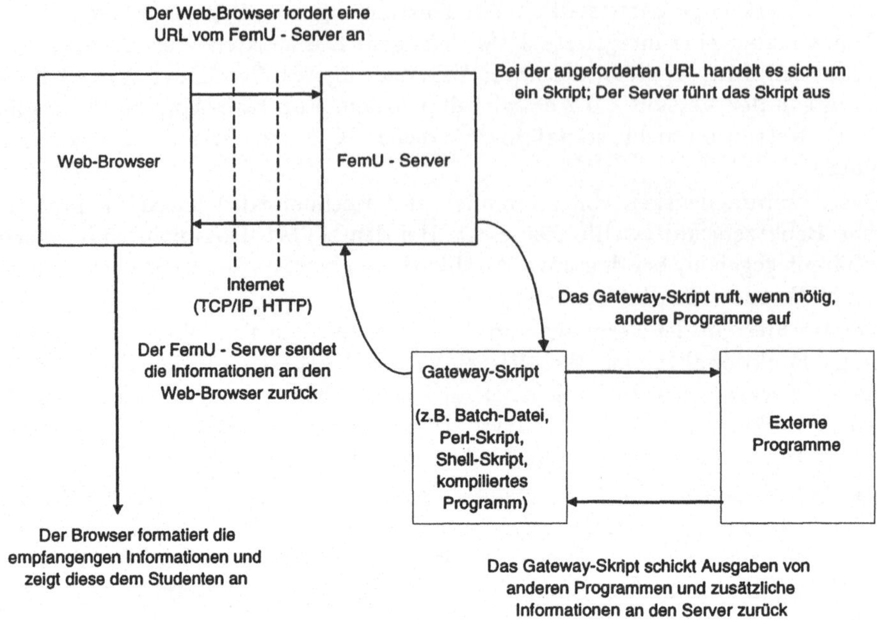

Bild2. CGI-Programmierung und Gateway-Skript

bare modulare Schnittstelle benötigt, welche die Anbindung der realen Versuchsaufbauten durch Parametrierung erlaubt. Durch den modularen Aufbau ist es möglich, spätere Erweiterungen, d.h. neue Laborversuche, dem System Fernlabor hinzuzufügen.

5 Fallstudie: Einsatz des Fernlabors zum Entwurf digitaler Schaltungen

Die erste Umsetzung des Fernlaborkonzeptes besteht in einer Plattform zum Entwurf digitaler Schaltungen (vgl. Bild 3). Auf CD-ROM von der Universität oder direkt aus dem Internet heruntergeladen erhalten die Studierenden die gesamte notwendige Dokumentation, ein kleines Werkzeug zur Entwurfseingabe und einen Schaltungssimulator. Das Werkzeug unterstützt die Entwurfseingabe entweder durch schematische Eingabe oder durch die Benutzung einer Hardware-Beschreibungssprache wie z.B. VHDL.

Die Studentenentwürfe werden über das Netz zum Server an der FernUniversität übertragen, wo sie von einem Programm zur Entwurfsautomatisierung (EDA) ausgeführt werden, das alle notwendigen Daten erzeugt, um ein FPGA zu konfigurieren. Der Server überträgt diese Konfigurationsdateien an eine angeschlossene FPGA-Platine. Dann werden das FPGA mit versuchsspezifischen

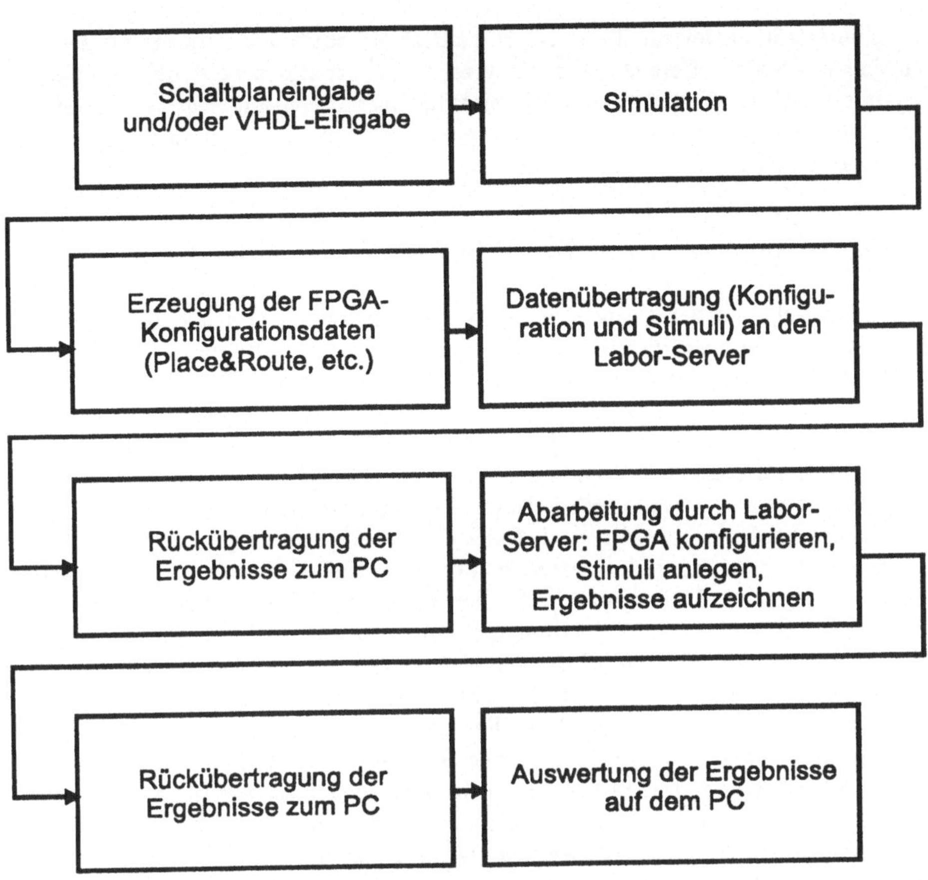

Bild3. Entwurfsablauf

und vom Dozenten bereitgestellten Stimuli beaufschlagt und die sich daraus ergebenden Ausgaben und Ereignisse aufgezeichnet. Nachdem eine Aufgabe durchgeführt worden ist, werden diese Aufzeichnungen zur Auswertung an den Studierenden zurückgeschickt. Sie enthalten die Details der Schaltungsumsetzung für den Baustein. So werden im Verlaufe der Übersetzung durch die Software z.B. bewertete Netzlisten erstellt. Aus diesen geht hervor, wie die Schaltung umgesetzt wurde, und ob es überflüssige oder falsche Signalverknüpfungen gibt. Da zum Simulationsmodell auch weitere Attribute wie Gatterlaufzeit oder Schaltverhalten gehören, kann die Bewertung vorab auch auf zeitkritisches Verhalten hinweisen. So können Bereiche einer formal korrekten Schaltung in der Umsetzung derart lange Signallaufzeiten haben, daß bestimmte voneinander abhängige Signale, Zustände oder zeitliche Bedingungen unter Umständen nie eingehalten werden können. Um derartige Fehlerquellen zu beseitigen, können in der überarbeiteten Schaltung weitere Attribute und Parameter verwendet werden, die den Übersetzer anweisen, Teilbereiche zeitlich zu optimieren. In einem derartigen Fall werden die Bereiche auf kürzeren Leitungsbahnen oder über schnellere Schalter geführt. Weiterhin werden Simulationsdateien angelegt, die ebenfalls das zeitliche Verhalten einer Schaltung graphisch umsetzen, um eine Bewertung kritischer Signale vornehmen zu können.

6 Anforderungen an die didaktische Umsetzung

Die didaktische Vorbereitung von Fernversuchen gestaltet sich deutlich anders und zuweilen auch schwieriger als von Präsenzveranstaltungen. Während man dort auf die Gruppe reagieren kann, müssen hier viele Fälle eingeplant und umgesetzt werden. Insbesondere müssen die bereitgestellten Informationen ausreichend und erschöpfend sein, da nicht gewährleistet ist, daß alle Teilnehmer gleiche Vorkenntnisse und Wissensstände haben. So ist es schwer, im voraus abzuschätzen, welche Details weggelassen werden können und an welcher Stelle mehr Einzelheiten notwendig sind. Bei Präsenzveranstaltungen können Kapitel übersprungen bzw. wiederholt werden, um sicherzustellen, daß der Stoff ausreichend verankert ist. Liefert man in der Fernlehre zu umfangreiches Lehrmaterial, so besteht die Gefahr der Sättigung; Teilnehmern mit größeren Vorkenntnissen wird zuviel, anderen zu wenig Information geboten, was in beiden Fällen zu Motivationsverlust führen kann. Da es nicht ohne weiteres möglich ist, technische Zusammenhänge an plastischen Modellen zu erklären, müssen entsprechend aufwendige Illustrationen angeboten werden. Das Material muß klar und übersichtlich strukturiert sein. Die Studierenden müssen in der Lage sein, den aktuellen Sachverhalt im Gesamtkontext einzuordnen. Hierbei muß das individuelle Lernen an die Aufbereitung angepaßt werden. Es muß daher Möglichkeiten geben, bekannte Sachverhalte überspringen zu können bzw. tiefergehende Informationen zu noch nicht verstandenen Sachverhalten zu erlangen.

Literatur

1. U. Schmid, H. Haberstroh und St. Stöckler: Control Education for Computer Science: Facts and Fiction. Proc. *SEFI/TEMPUS JEP 2011 — IMPACT Workshop on Computer Science Topics for Control Engineering Education*, pp. 13 – 22, Wien, September 1993.
2. U. Schmid, W. Kastner und H. Haberstroh: Process Control Education for Computer Science: From Fiction Back to Facts. Proc. *TEMPUS JEP 07759 — MODIFY Workshop on Automation and Control Engineering in Higher Education*, Wien, Juli 1995.

TELING – ein Werkzeug zur teilautomatisierten Erstellung von multimedialen Lernmodulen für Ingenieure

Dirk Thißen[1], Stefan Gebhard[1], Dr. Birgit Scherff[2]

[1]LG PRT / Automatisierungstechnik, FernUniversität Hagen, Feithstr. 142, D-58084 Hagen
dirk.thissen@fernuni-hagen.de
[2]ATR-Industrie-Elektronik GmbH & Co. KG, Textilstr.2, D-41571 Viersen
birgit.scherff@fernuni-hagen.de

Zusammenfassung. In der Informationsgesellschaft des angehenden 21. Jahrhunderts mit ständig wachsendem Wissensbeständen bei gleichzeitiger Verringerung der "Informationshalbwertzeit" wird lebenslanges Lernen zur notwendigen Voraussetzung für den beruflichen Erfolg. Vor diesem Hintergrund gewinnen Qualifizierungsmethoden zunehmend an Bedeutung, die weitreichende didaktische Gestaltungsspielräume auf der Entwicklerseite mit der Möglichkeit zu zeitlich, räumlich und mengenmäßig flexiblen Qualifizierung auf Seiten der Lernenden verbinden. Computerunterstützte Lernangebote, häufig auch mit den Begriff CBT bezeichnet, erfüllen generell diese Anforderungen [2]. Die gegenwärtige Situation im Bereich CBT ist jedoch nach wie vor dadurch gekennzeichnet, daß oftmals mangelnde didaktische Qualität einhergeht mit geringer Produktivität bei der Entwicklung dieser Lernmedien [1]. In diesem Artikel wird deshalb ein Werkzeug *TELING* (Teilautomatisierte Entwicklung von Lernbausteinen für Ingenieure] vorgestellt, mit dessen Hilfe für ingenieurwissenschaftliche Inhalte effizient didaktisch wertvolle CBTs erstellt werden können.

1.   Generelle Vorgehensweisen bei der Erstellung von CBT

Durch den heute weit verbreiteten Einsatz konventioneller Autorensysteme erhofft man sich eine möglichst effiziente Entwicklung von computerunterstützten Lernangeboten hoher didaktischer Güte. Die gängigen Autorensysteme unterstützen durch große Funktionalität bei hohem Bedienungskomfort zwar eine effiziente Entwicklung von CBTs; der Entwickler ist jedoch bei der (medien-)didaktischen Konzeptionierung auf sich alleine gestellt. Autorensysteme erlauben die Produktion guter wie schlechter, theoretisch begründeter wie unbegründeter CBTs gleichermaßen [1][7].

Didaktische Unterstützung offerieren demgegenüber sogenannte *Ratgeber-* und *Konsultationssyteme*. Während die Ratgebersysteme vorwiegend Hinweise zu Fragen des didaktische Design (z.B. Medienwahl) in textlicher Form enthalten, stellen Konsultationssysteme Plattformen für den fachlichen Austausch zwischen didaktischen Designern bereit. Eine Unterstützung oder gar Automatisierung der Produktion findet nicht statt, weswegen für die Zielsetzung „Effizienter Entwicklungsprozeß" Ratgeber- und Konsultationssysteme keinen Beitrag leisten.

Dieser Zielaspekt steht bei sogenannten automatisierten Entwicklungsumgebungen im Vordergrund. Bei der mit diesen Werkzeugen möglichen „strong automation" werden die Lernmaterialien prinzipiell in kleine instruktionale Lernmodule aufgeteilt. Diese umfassen neben dem eigentlichen Lehrinhalt sogenannte Deskriptoren, die den Lehrinhalt in seiner Art (z.B. Schwierigkeitsgrad, benötigtes Vorwissen) beschreiben. Einem generierenden Algorithmus dienen diese Informationen als Input für die CBT-Erstellung. Die Qualität der so erzeugten CBTs ist gering, da bei bisherigen automatisierten Entwicklungsumgebungen wie z.B. *DISCourse* und *ID Expert* die generierbaren Medien einfachen expositorischen Ansätzen (temporal strukturierte Lernangebote) verhaftet bleiben [1] [7].

Zusammenfassend kann festgestellt werden, daß mit der Anwendung bisher üblicher Vorgehensweisen zur CBT-Erstellung die Ziele Produktivitäts- und Qualitätssteigerung auseinanderlaufen. Um diesen Zielkonflikt zu beheben, wäre es sinnvoll, bestehende Autorensysteme und neue Werkzeuge in komplexe Entwicklungsumgebungen zu integrieren [1]. Ein möglicher Lösungsweg, der dieses Prinzip umsetzt, wird im weiteren mit einer Vorgehensweise illustriert, die auf der Verwendung des konventionellen Autorensystems MS Frontpage 98 und des Werkzeugs *TELING* basiert.

2. Prinzip der teilautomatisierten Erstellung

Die am LG PRT / Automatisierungstechnik entwickelte Vorgehensweise zu einer teilautomatisierten Erstellung multimedialer Lernmodulen umfaßt drei Phasen:

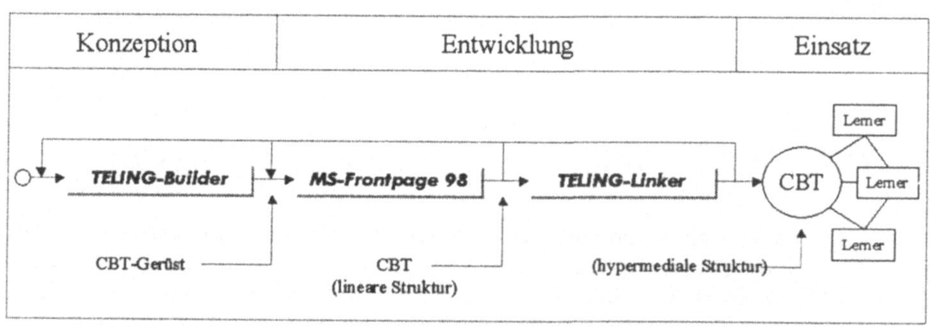

Abb. 1. Vorgehensweise zur teilautomatisierten Entwicklung von CBT für Ingenieure

* Konzeption

Der Benutzer kann mit dem Generatortool *TELING-Builder* ein HTML-basiertes CBT-Gerüst erstellen. Dieses Gerüst basiert auf einer mediendidaktische Konzeption, die im Rahmen des Forschungs- und Entwicklungsprojekts **InMedia**[1] erarbeitet

---

[1] Das Forschungs- und Entwicklungsprojekt **InMedia** wurde im Rahmen eines Sonderprogramms des MSWWF Nordrhein-Westfalen gefördert.

wurde und durch zwei Merkmale gekennzeichnet ist. Zum einen kann sie auf die unterschiedlichen Fachdisziplinen des elektrotechnischen Curriculums wie z. B. Technische Mechanik, Nachrichtentechnik, Automatisierungstechnik, usw. angewendet werden (Merkmal der Übertragbarkeit). Zum anderen zeigt sie Wege auf, die technischen Möglichkeiten des Lernmediums Computer so zu nutzen, dass ein didaktischer Mehrwert computerunterstützten Lernens gegenüber traditionellen Formen der Wissensaneignung erzielt wird (Merkmal der didaktischen Qualität).

- Entwicklung aus Frontpage 98

Die fachinhaltsbezogene „Füllung" dieses CBT-Gerüstes erfolgt durch die Gestaltung einzelner HTML-Seiten unter Verwendung der konventionellen Entwicklungsumgebung MS Frontpage 98. Hierbei bietet sich der didaktische Gestaltungsspielraum – so liegt beispielsweise die Entscheidung über die Verwendung und Gestaltung von Medienelementen wie z.B. Animationen, Audios, Simulationen beim Entwickler – der gerade von professionellen Entwicklern immer wieder eingefordert wird [1]. Sollte sich im Extremfall die didaktische Transformation der Lehrinhalte auf die Gestaltung reiner „Textseiten" reduzieren, so ist zwar beispielsweise gegenüber einem Fachbuch bei der Präsentation der Lehrinhalte kein zusätzlicher Nutzen erkennbar, der Mehrwert computerunterstützten Lernens gegenüber dieser traditionellen Form der Wissensaneigung aber immer noch durch die didaktischen Features des CBTs-Gerüsts gegeben.

- *TELING-Linker*

In einer dritten Phase besteht für den CBT-Entwickler die Option, für die zuvor gestalteten HTML-Seiten eine Hypertext/-media-Struktur aufzubauen. Bei der Konstruktion der einzelnen Navigationspfade, der sogenannten Hyperlinks, wird der CBT-Entwickler durch das Werkzeug *TELING-Linker* unterstützt. Mit diesem Werkzeug ist es möglich, Verbindungen zwischen den einzelnen HTML-Seiten aufzubauen, ohne Zugriff auf den Source-Code des didaktischen Gerüsts des CBTs nehmen zu müssen.

Es ist an dieser Stelle darauf hinzuweisen, daß die drei benannten Phasen eine logische Vorgehensweise beschreiben. Bei der Gestaltung eines CBTs können die einzelnen Phasen im Sinne eines iterativen Vorgehens immer wieder durchlaufen werden. So ist es beispielsweise möglich, wenn die Lehrinhalte erweitert worden sind, das bestehende CBT-Gerüst durch erneuten Zugriff auf *TELING-Builder* zu ergänzen bzw. zu modifizieren.

Im weiteren wird mit Blick auf die Zielaspekte „Didaktische Qualität" und „Produktivität" detaillierter auf die mediendidaktische Konzeption und die Werkzeuge *TELING-Linker* und *TELING-Builder* eingegangen. Aus Gründen einer besseren Verständlichkeit wird eine Reihenfolge der Darstellung entgegen der zuvor beschriebenen logischen Vorgehensweise gewählt.

3. Mediendidaktische Konzeption

Das mediendiaktische Modell, für das der *TELING-Builder* ein CBT-Gerüst generiert, ist Ergebnis eines Entwicklungsprozesses, der auf drei Säulen fußte.

Erstens wurden die geschriebenen Arbeitsmaterialien[2] einzelner Fächer des elektrotechnischen Curriculums hinsichtlich ihrer didaktischen Struktur analysiert, um fachübergreifende Gemeinsamkeiten zu identifizieren. So konnte beispielsweise festgestellt werden, daß ingenieurwissenschaftliche Lehrtexte die Elemente *Übung, Basiswissen aus sachfremden Disziplinen, Beispiele, formalisierbare Modelle*, usw. integrieren.

Zweitens wurde untersucht, welche Anforderungen an (Elektro-)Ingenieure in der beruflichen Praxis gestellt werden. Die Sichtung sekundären Datenmaterials belegte, daß die Anforderungen weit über die Aspekte hinausgehen, die unter dem Begriff der Fachkompetenz subsumiert wird. Vielmehr ist vor dem Hintergrund der Notwendigkeit zum *Lebenslangen Lernen* der Aufbau von Selbstlern-, Methoden-, Medien- und Sozialkompetenzen von immer größerer Bedeutung für den beruflichen Erfolg.

Und drittens wurde durch empirische Studien erarbeitet, welche Erfahrungen Studierende des Fachbereichs Elektrotechnik bisher mit multimedialen Lernprogrammen gemacht haben und welche Erwartungen sie hinsichtlich der Gestaltung virtueller Lernumgebungen besitzen.

Die gewonnenen Erkenntnisse führten zu einer Konzeption namens Ileco, die für Gestaltung computerunterstützter Lernangebote für Ingenieure sieben Lernbausteine und fünf Werkzeuge zur „lerntechnischen Rationalisierung" vorsieht [5][6].

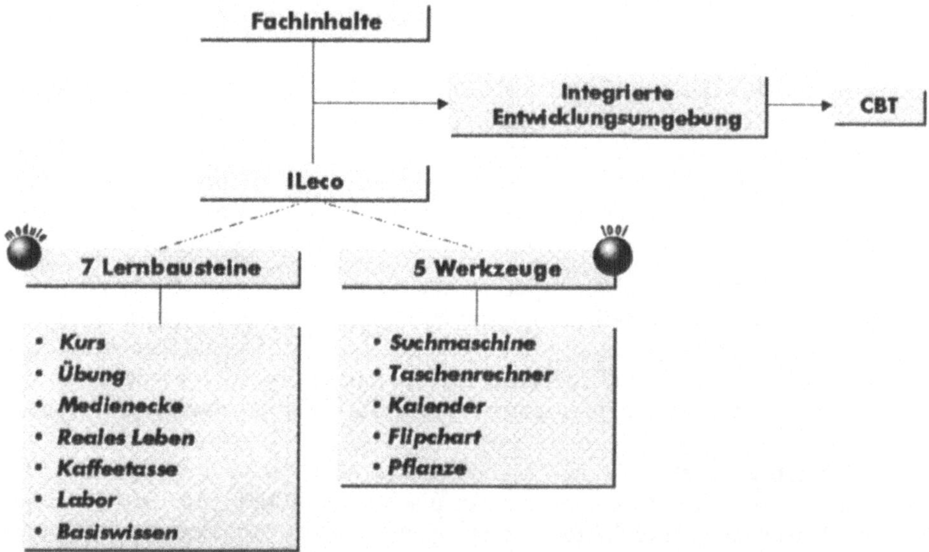

Abb. 2. Mediendidaktische Konzeption *Ileco* als Basis für die CBT-Entwicklung

Den Lernbausteinen ist gemeinsam, daß sie alle dazu dienen sollen, die Inhalte des benannten Themenfelds „aufzubereiten"; sie variieren jedoch hinsichtlich der Groblernziele und der verwendeten didaktischen Methoden. Die Konzeption sieht für jeden dieser Baustein einen sequentiellen Navigationspfad vor, der eine sukzessive Explo-

---

[2] An der FernUniversität Gesamthochschule Hagen werden den Studierenden in einem festen zeitlichen Turnus sogenannte Lehrbriefe zugesendet, die mit Fachbüchern vergleichbar sind.

ration der einzelnen HTML-Seiten ermöglicht („Prinzip des geleiteten Lernens"). Im Lernbaustein *Kurs* sind die theoretischen Grundlagen multimedial aufbereitet zu präsentieren, deren Verständnis bei der Bearbeitung von Übungsaufgaben im Lernbaustein *Übung* und der nicht instruierten Auseinandersetzung mit Simulationsumgebungen im Lernbaustein *Labor* vertieft werden kann. Des weiteren soll der Lernbaustein *Reales Leben* aus der Perspektive der Fachdisziplin Einblicke in die Alltags-/Berufswelt bieten. Mit dem Lernbaustein *Medienecke* soll den besonderen Anforderungen der Informationsgesellschaft Rechnung getragen werden, in dem Techniken und Strategien zur eigenständigen fachbezogenen Informationsakquisition vorzusehen sind und auf bestehende Datenbestände z.B. im Internet, in Fachzeitschriften, usw. hingewiesen werden sollte. Vervollständigt wird die Konzeption durch die Lernbausteine *Basiswissen* und *Kaffeetasse*. Während im Lernbaustein *Basiswissen* zum Verständnis erforderliche disziplinfremde Grundlagen dargestellt werden sollen, steht der Lernbaustein *Kaffeetasse* für regenerative Phasen und spielerisches Lernen innerhalb einer Lernsitzung. Die Konzeption beschreibt jeden dieser Lernbausteine und benennt Funktionalität, die bei der Entwicklung eines CBT vorzusehen ist, um einen Lernbaustein im Sinne der Konzeption zu gestalten.

Die Werkzeuge zur „lerntechnischen Rationalisierung" heißen *Suchmaschine, Taschenrechner, Kalender, Flipchart* und *Pflanze*. Während *Taschenrechner* für den Fall vorgesehen ist, daß der realer Taschenrechner einmal nicht in der Lernumgebung des Studierenden verfügbar ist, soll *Suchmaschine* das effiziente Aufsuchen einzelner Informationen anhand von Stichwörtern ermöglichen. Mit dem Werkzeug *Flipchart* sollen den Lernenden ihre bisherigen Lernaktivitäten und -erfolge transparent gemacht werden. *Kalender* und *Pflanze* zielen darauf, den Lernprozeß zu organisieren. Mit *Kalender* soll die Planung der aktuellen, aber auch einer Vielzahl von Lernsitzungen im bezug auf ein bestimmtes Zieldatum (z.B. den Prüfungstag) unterstützt werden. *Pflanze* biete Lernmotivation auf der Basis des Tamagotchi-Effektes[3].

Die Integration der verschiedenen Lernbausteine und Werkzeuge soll bei einem CBT durch die Verwendung der Präsentationsmetapher Büro erfolgen. Vom Büro aus ist der Zugriff auf alle beschriebenen Elemente möglich.

4. Das Verknüpfungstool *TELING-Linker*

Mit dem Werkzeug *TELING-Linker* kann zu jedem Zeitpunkt des Entwicklungsprozesses zwischen zwei HTML-Seiten des gleichen oder unterschiedlicher Lernbausteine eine Verlinkung vorgenommen werden. Der Benutzer muß dazu lediglich die beiden zu verknüpfenden Informationsseiten, aus der ggf. schon existierenden Vielzahl an bereits in das didaktische Gerüst eingebundener Informationsseiten, auswählen.

---

[3] Im Jahre 97 ein ebenso populäres wie auch kontrovers diskutiertes elektronisches Spielzeug für Kinder, bei dem durch regelmäßig „Zuwendung" das „Leben" einer Figur erhalten werden muß.

4.1 Benutzerschnittstelle

Der Vorgang der „Verlinkung" erfolgt über eine komfortable grafische Benutzerschnittstelle, die in der nachfolgenden Abbildung dargestellt ist.

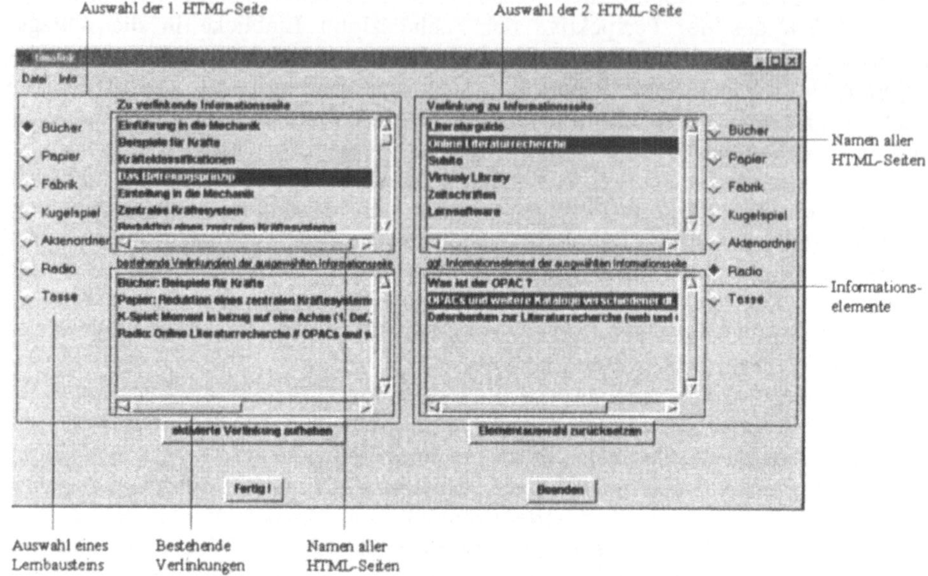

Abb. 3. Die Benutzungsschnittstelle des Werkzeugs *TELING-Linker*[4]

Die Benutzerschnittstelle ist in eine linke und eine rechte Hälfte unterteilt. Jeder dieser Bereiche dient jeweils zur Benennung einer der beiden HTML-Seiten, die zu verknüpfen sind.

Mit der Buttonleiste am linken bzw. rechten Fensterrand gibt der Benutzer zunächst den Lernbaustein an, dem er die gesuchte Informationsseite zugeordnet hat (*Kurs* bzw. *Medienecke*). Für den ausgewählten Lernbaustein erscheinen daraufhin im linken bzw. rechten oberen Fenster die Namen aller bisher für diesen Lernbaustein implementierten HTML-Seiten. Mittels der Scrolleiste am rechten Fensterrand kann die Liste durchsucht und durch „Anklicken" eine HTML-Seite ausgewählt werden („*Das Befreiungsprinzip*" und „*Online Literaturrecherche*"). Im linken unteren Fenster werden zu der ausgewählten HTML-Seite alle bereits bestehenden „Hyperlinks" aufgelistet (beispielsweise bestehen für die HTML-Seite „*Das Befreiungsprinzip*" Verknüpfungen zu den HTML-Seiten „*Beispiele für Kräfte*", „*Reduktion eines zentralen Kräftesystems*" und „*Moment in bezug auf eine Achse*"). Im rechten unteren Fenster hingegen erscheint eine ggf. durch den Entwickler vorgenommene Unterteilung der ausgewählten HTML-Seite in einzelne Informationselemente. Diese ist i.d.R. dann gegeben, wenn die HTML-Seite so umfangreich geworden ist, daß sie nicht mehr geschlossen auf einer Bildschirmseite visualisiert werden kann (Die Informati-

---

[4] Die in den einzelnen Fenstern benannten HTML-Seiten gehören zu einem CBT „Maschinenbautechnische Grundlagen der Automatisierungstechnik"

onsseite mit dem Namen „Online-Literaturrecherche" umfaßt die Informationselemente *„Was ist der OPAC?"*, *„OPAC und weitere Kataloge..."* und *„Datenbanken zur Literaturrecherche")*. Durch die logische Unterteilung einer HTML-Seite in kleinere Einheiten ist es generell möglich, auch eine Verlinkung zwischen einer HTML-Seite und einem bestimmten Teil einer anderen HTML-Seite vorzunehmen. Durch Tätigen des Druckknopfs „Fertig" kann dann der Prozeß der Verknüpfung zweier HTML-Seiten abgeschlossen werden (es werden die HTML-Seiten *„Das Befreiungsprinzip"* und das Informationselement *„OPACs und weitere Kataloge"* der HTML-Seite *„Online-Literaturrecherche"* verlinkt.). Durch die wiederholte Ausführiung dieses Prozedur entsteht sukzessive ein Netz von Navigationsverbindungen zwischen den einzelnen HTML-Seiten des CBTs. In einer solchen hypermedialen Lernwelt bietet sich für den Studierenden die Möglichkeit zum explorativen Lernen[5].

4.2 Funktionsweise

Das CBT-Gerüst verwaltet die „Verlinkungen" der einzelnen HTML-Seiten in Datenarrays, die für jeden Lernbaustein in einem eigenen Verzeichnis mit der Bezeichnung LIB abgelegt sind. Das Werkzeug *TELING-Linker* kann auf entsprechenden Dateien zugreifen und entsprechend den über die grafische Benutzerschnittstelle vorgenommenen Verbindungen von HTML-Seiten Aktualisierungen der Datenarrays vornehmen. Für das im vorangegangenen Abschnitt beschriebene Beispiel der Verlinkung der HTML-Seite mit der Bezeichnung *„Das Befreiungsprinzip"* mit der HTML-Seite *„Online Literaturrecherche"* sind die in diesem Kontext bedeutsamen Datenfelder in der nachfolgenden Abbildung dargestellt.

```
Position[4]=new Array("Statik","Stereostatik","2. All-
gemeines über Kräfte");

Nummer[4]="2.3";

Lehrbriefnr[4]="1";

Daten[4]=new Array( "Das Befreiungsprinzip",
                    "Freischneiden");

Links[4]=new Array( "Kurs2","Uebung4","Labor4"
                    ,"Mediene2#2");
```

Abb. 4. Datenarrays zur Verwaltung der Verlinkung einzelner HTML-Seiten

Der Indexwert 4 zeigt an, daß die HTML-Seite *„Das Befreiungsprinzip"* die vierte Informationsseite des Lernbausteins *Kurs* ist. Innerhalb der sachlogischen Struktur des Lehrtextes gehören die Inhalte dieser Seite zum Abschnitt *„Allgemeines über Kräfte"*, der dem Bereich der *Stereostatik* als Teilgebiet der *Statik* zuzuordnen ist (siehe Datenfeld `Position`). Die HTML-Seite besteht aus nur einem Informationselement mit der Bezeichnung *„Freischneiden"* (siehe Datenfeld `Daten`). Sie ist „verlinkt" mit der zweiten HTML-Seite des Lernbausteins *Kurs*, der vierten HTML-

---

[5] Die Möglichkeit zum geleiteten Lernen ist bereits in das CBT-Gerüst integriert (siehe 5.)

Seite des Lernbausteins *Übung*, der vierten Informationsseite des Lernbausteines *Labor* und – wie beschrieben - dem Informationselement *„OPACs und weitere Kataloge"* der HTML-Seite *„Online-Literaturrecherche"* (siehe Datenfeld Links)

Aus der Sicht des Werkzeugs *TELING-Linker* stellen die Datenarrays Daten[] und Links[] nur eine Ansammlung von ASC II-Zeichen dar. Sie werden eingelesen und mittels sogenannter regulärer Ausdrücke, wie z.B. „$fertigArray[$f]=~ s/\(/\(\);/;" nach bestimmten Zeichenfolgen durchsucht. Es wird ein 3-dimensionales Array der Struktur Array[Lernbaustein][HTML-Seite][Informationselement], in dem die durch den Entwickler vorgenommenen Verlinkungen innerhalb von *TELING-Linker* verwaltet werden können. Nachdem alle HTML-Seiten verknüpft worden sind (Button „Fertig"), werden mittels der Einträge des 3-dimensionalen Arrays die Datenfelder des CBT-Gerüsts aktualisiert.

4.3 Entwicklungsumgebung

Das Verknüpfungstool *TELING-Linker* ist mit *Perl/TK*[6] realisiert worden. *Perl/TK* (auch bekannt als *pTK* oder *ptk*) ist eine Sammlung von Modulen und Code, der dem sonst nur im Textmodus arbeitenden Perl 5 eine komplette grafische Benutzeroberfläche zur Verfügung stellt. Bei *Perl 5* handelt es sich um eine sehr mächtige Programmiersprache, die sich am besten als eine Vereinigung aus den Standard-UNIX-Shells mit den UNIX Textprogrammen wie z.B. *awk, grep, sed, tr* umschreiben läßt. Der Sprachumfang beinhaltet u.a. Listen, assoziative Arrays, Dateioperationen und reguläre Ausdrücke sowie Bibliotheken z.B. für Datenbankanbindungen, CGI- und HTML-Programmierung. Aufgrund dessen eignet sich *Perl 5* im besonderen als Skriptsprache für Betriebssystemaufgaben, Textkonvertierung und Generierung sowie die CGI-Programmierung. Ausschlaggebend für die Verwendung von *Perl/TK* zur Entwicklung von *TELING-Linker* – generell wäre auch Implementation in C, JAVA, Delphi oder TCL/TK denkbar gewesen- ist [3][4]:

- Perl 5 Implementation sind plattformunabhängig bzw. leicht portierbar und zeichnen sich durch stabiles Laufzeitverhalten aus.
- Die CGI Skript-Sprache ist im Internet weit verbreitet, so daß Routinen und Module für fast jeden Einsatzzweck frei verfügbar sind.
- Perl 5 ist kostenlos.
- Es können zeitlich parallel mehrere Programmierer an unterschiedlichen Routinen der gleichen Anwendung arbeiten.

5. *TELING-Builder* zur Generierung eines CBT-Gerüsts

Mit dem Werkzeug *TELING-Builder* kann der Entwickler ein didaktisch begründetes Gerüst für seine CBTs erstellen. Während die Werkzeuge zur „lerntechnischen Rationalisierung" immer Gegenstand dieses CBT-Gerüsts sind, bestehen hinsichtlich der

---

[6] Perl/TK wurde von Nick-Ing-Simmons bei Texas Instruments in Northhampton, England, entwickelt.

Lernbausteine für den Entwickler Wahlmöglichkeiten. So kann er vor dem Hintergrund der speziellen Anforderungen seiner Fachinhalte entscheiden, für welche Lernbausteine durch *TELING-Builder* bereits Quellcode generiert werden soll.

Sollte der Entwickler bereits eine sachlogische Struktur seiner speziellen Fachinhalte erarbeitet haben, so kann er durch weitere Eingaben den Aufbau des CBT-Gerüsts verfeinern.

Betrachten wir beispielsweise den Lernbaustein *Kurs,* so kann der Entwickler mittels zahlreicher grafischer Bildschirmmasken Angaben über die gewünschte Anzahl an HTML-Seiten, ihre Bezeichnungen und ihre Stellung innerhalb der sachlogischen Struktur machen. Das Werkzeug *TELING-Builder* nutzt diese Informationen dazu, ein Gerüst aus Templates von HTML-Seiten zu erstellen, die bereits über eine lineare Navigationsstruktur miteinander verbunden sind. Soweit möglich sind fachbezogenen Eingaben in die Templates integriert (z.B. Kapitelüberschriften).

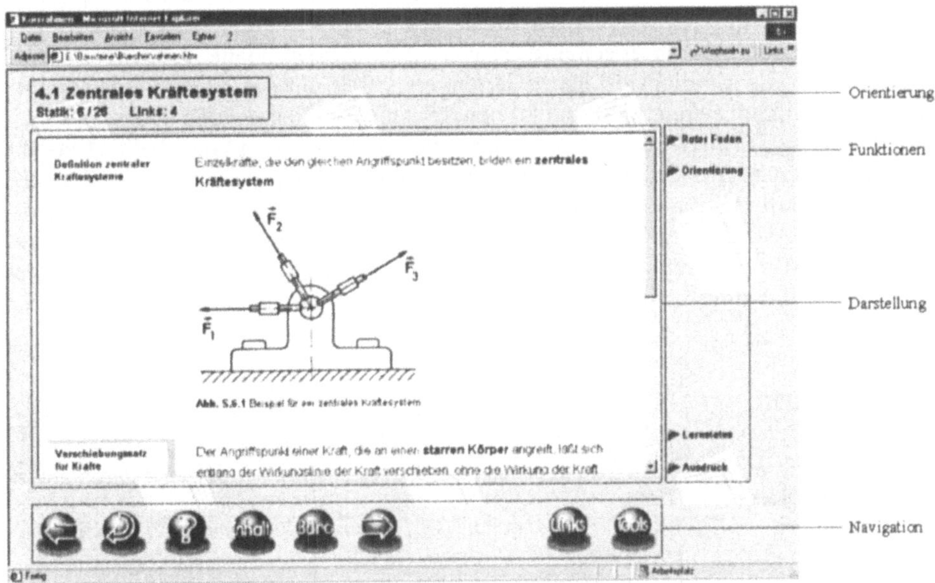

Abb. 5. Beispiel des Templates einer HTML-Seite des Lernbausteins *Kurs*[7]

Das in Abbildung 5 dargestellte Template einer HTML-Seite für den Baustein Kurs umfaßt den Navigationsbereich (graue Kugelbutton), den Darstellungsbereich (inneres Fenster mit Scrollbar, in dem die vom Entwickler zu gestaltenden HTML-Seiten visualisiert werden), den Orientierungsbereich (blaue Schrift am oberen Bildschirmrand) und den Funktionsbereich (Bereich rechts neben dem inneren Fenster mit den Funktionen „*Roter Faden*", „*Orientierung*", „*Lernstatus*" und „*Ausdruck*").

Durch die Übernahme zeitintensiver Entwicklungsarbeiten wie z.B. den Aufbau einer linearen Navigationsstruktur durch *TELING-Builder* leistet dieses Werkzeug einen erheblichen Beitrag im Hinblick auf einen effizienten CBT-Produktionsprozeß.

---

[7] Der Screenshot ist einem CBT zum Themenfeld „Maschinenbautechnische Grundlagen der Automatisierungtechnik" entnommen.

6. Zusammenfassung und Ausblick

In diesem Beitrag wurde eine Vorgehensweise zur teilautomatisierten Entwicklung von multimedialen Lernmodulen (CBT) für Ingenieure vorgestellt. Die 3-stufige Vorgehensweise integriert das konventionelle Autorensystem MS Frontpage 98 mit den Werkzeugen *TELING-Builder* und *TELING-Linker* zu einer homogenen Entwicklungsumgebung. Innerhalb dieser Entwicklungsumgebung wird mit *TELING-Builder* ein didaktisch fundiertes Gerüst eines CBTs generiert, das unter Zuhilfenahme von MS Frontpage 98 inhaltlich „gefüllt" und mittels *TELING-Linker* zu einer hypermedialen expositorischen Lernumgebung ausgebaut werden kann. Mit dieser Vorgehensweise ist es möglich, die Zielaspekte „Didaktische Qualität" *(TELING-Builder)* und „Produktivität des Entwicklungsprozesses" (gesamte Entwicklungsumgebung) bei der Gestaltung von computerunterstützten Lernangeboten zu verbinden.
Die didaktisch Konzeption, nach der durch *TELING-Builder* ein CBT-Gerüst generiert werden kann, ist für ingenieurwissenschaftliche Lehrinhalte gestaltet worden. Damit besteht die Möglichkeit, ganze Serien von CBTs mit der neuen Entwicklungsumgebung zu produzieren und Produktivitätsgewinne sichtbar werden zu lassen.
Das Werkzeug *TELING-Linker* wurde bisher bei der Gestaltung eines CBT „Maschinenbautechnische Grundlagen der Automatisierungstechnik" erfolgreich eingesetzt. Zur Zeit wird die Umsetzung des Inhalts Systemsengineering durchgeführt. Der Entwicklungsprozeß des Werkzeugs *TELING-Builder* ist noch nicht abgeschlossen. Hier wird zu Zeit daran gearbeitet - wie in Kapitel 5 dargelegt - auf der Basis der fachspezifischen Informationen ein verfeinertes CBT-Gerüst generieren zu können.

7. Literatur

[1] KERRES, M.: *Multimediale und telemediale Lernumgebungen - Konzepte und Entwicklungen.* Oldenbourg, 1998.

[2] ISSING, L. J., KLIMSA, P.: *Information und Lernen mit Multimedia.* Weinheim: Psychologie-Verlags-Union, 1995.

[3] WALSH, N.: *Learning Perl/TK.* O'Reilly, 1999.

[4] CHRISTIANSEN; T., TORKINGTON, N.: *Perl Cookbook.* O'Reilly, 1998.

[5] THISSEN, D., SCHERFF, B.: *A New Concept for Designing Distance Education Courses for Students of Electrical Engineering.* Proceedings of ED-Media 99, Seattle, Washington, USA, 19.-24. Juni 1999.

[6] THISSEN, D., SCHERFF, B.: *A New Concept for Designing Distance Education Courses for Electrical Engineers.* Proceedings of ICTE 99, Edinburgh, Schottland, 29.-31. März 1999.

[7] SCHULMEISTER, R.: *Grundlagen hypermedialer Lernsysteme.* 2. Aufl., München: Oldenbourg, 1997

GMD-Snake2

Eine Roboterschlange mit verteilter Steuerung

Hermann Streich, Rainer Worst

Institut für Autonome intelligente Systeme (AiS)
GMD — Forschungszentrum Informationstechnik GmbH
e-mail: `str@gmd.de`, `worst@gmd.de`
`http://ais.gmd.de/BAR/snake2.html`

Zusammenfassung Schlangen können sich in schwer zugänglichen Gebieten gut fortbewegen. Eine Roboterschlange wäre somit ein ideales Hilfsmittel für schwierige Inspektions- und Wartungsarbeiten, z. B. in engen Röhren oder eingestürzten Gebäuden. Die in der GMD entwickelte Roboterschlange GMD-Snake2 ist modular aufgebaut und besteht aus einem Kopf, fünf identischen Körpersektionen und einem Schwanz. Der Kopf sowie jede Sektion enthält einen Mikro-Controller, und die Steuerung der komplexen Kinematik erfolgt auf der Grundlage eines verteilten Systems. Die Software für die Steuerung, wie sie in dem auf der CeBIT'99 vorgestellten Prototyp verwendet wurde, verteilt sich auf die einzelnen Sektionen, den Kopf und ein Bedieninterface auf einem PC, das hauptsächlich der Testunterstützung dient. Das in den einzelnen Sektionen laufende Echtzeitbetriebssystem wurde um ein entsprechendes Test-Interface erweitert.

1 Einleitung

Der hier beschriebene Roboter GMD-Snake2 wurde mit dem Ziel entworfen, sich in unterschiedlichen Umgebungen möglichst schlangenähnlich zu bewegen. Schlangen können sich in unebenem Gelände fortbewegen, Hindernisse überwinden und in Bereiche hineinkriechen, die mit anderen Fortbewegungsarten schwer zu erreichen wären. Somit wäre eine Roboterschlange ein ideales Hilfsmittel für schwierige Inspektionen, z. B. in engen Röhren oder in eingestürzten Gebäuden.

In die Entwicklung von GMD-Snake2 sind die Erfahrungen eingeflossen, die mit der 1996 vorgestellten GMD-Snake gesammelt wurden. Die beiden Roboter unterscheiden sich nicht nur rein äußerlich voneinander, sondern insbesondere durch die verteilte Rechnerarchitektur im Inneren der Schlange.

In diesem Beitrag wird die GMD-Snake2 beschrieben, wie sie auf der CeBIT im März 1999 präsentiert wurde. Nach einem kurzen Überblick über andere Roboterschlangen wird zunächst die Hardware der GMD-Snake2 erläutert. Ausgehend von der Funktionalität der CeBIT-Demo wird dann die Software für die verteilte Steuerung sowie das Bedieninterface betrachtet. Schließlich wird ein Ausblick auf mögliche Weiterentwicklungen gegeben.

Abbildung1. GMD-Snake, auf einer ebenen Oberfläche kriechend

2 Andere Roboterschlangen

Es gibt bisher nur wenige Versuche, mobile Roboter mit schlangenartiger Fortbewegung zu bauen [1]. Die bekannten Exemplare sind mehr oder weniger dazu fähig, die eleganten und flexiblen Fortbewegungsmuster natürlicher Schlangen nachzuahmen.

Ein Pionier auf diesem Gebiet ist der Japaner Hirose, dessen Interesse vor allem biomechanischen Studien der Schlangenbewegung gilt. Darauf basierend baute er seit 1972 verschiedene Roboterschlangen, wie „Active Cord Mechanism No. 3", „OBLIX", „KORYU KR-I" und „KORYU KR-II" [2]. Eine weitere japanische Roboterschlange wurde 1995 von NEC vorgestellt.

In den USA wurden vor allem an der Carnegie Mellon University und am California Institute of Technology (Caltech) Grundlagen für den Bau von Roboterschlangen erforscht. Eine wahre Riesenschlange war „Snakey" [3], die 1992 am Caltech entwickelt wurde.

In Europa sind es einzelne Forscher, wie Nilsson oder Chabin, die Beiträge zu diesem Gebiet geleistet haben. Am weitesten fortgeschritten sind hier jedoch die Arbeiten der GMD mit der Entwicklung der in Abbildung1 und Abbildung2 gezeigten „GMD-Snake" [4–6] bzw. „GMD-Snake2" [7].

Abbildung2. GMD-Snake2

Eine Zusammenstellung aller im WWW zu findenden Roboterschlangen ist auf der Seite „GMD's Collection of Snake-like Robots" [8] zu finden. Dort gibt es auch Verweise auf weitere Informationen zu den in diesem Abschnitt erwähnten Arbeiten.

3 Hardware der GMD-Snake2

Die GMD-Snake2 besteht aus einem Kopf mit Sensoren, fünf identischen Körpersektionen, die durch steuerbare Gelenke miteinander verbunden sind, und einem Schwanz mit Batterien und Anschlüssen. Ihr Gesamtgewicht beträgt etwa zehn Kilogramm. Die weiteren technischen Daten des Roboters sind in Tabelle1 angegeben.

Tabelle1. Technische Daten der GMD-Snake2

Gesamtlänge:	90 cm
Durchmesser:	18 cm
Gewicht des Kopfes:	0,8 kg
Gewicht einer Sektion	1,5 kg
Gewicht der Batterien	1,75 kg
Batteriekapazität:	47 Wh
Leistungsaufnahme maximal:	200 W

Der Kopf der GMD-Snake2 trägt eine Fernsehkamera, deren Bilder per Funk auf einen Monitor übertragen werden, sowie Neigungssensoren und Ultraschallsensoren zur Hinderniserkennung. Im Kopf befindet sich naheliegenderweise auch das „Gehirn" der Schlange, nämlich ein Mikro-Controller vom Typ Siemens C167, dessen Aufgabe sowohl in der Verarbeitung der Kopf-Sensordaten als auch in der Steuerung der Bewegungsabläufe des Roboters im autonomen Betrieb besteht.

Die Steuerung der komplexen Kinematik des Roboters erfolgt auf der Grundlage eines verteilten Systems. Jede Körpersektion enthält ebenfalls einen C167-Mikro-Controller, 256 KB Flash-ROM und 1 Megabyte RAM. Diese Mikro-Controller steuern die Motoren und überwachen die lokale Sensorik.

Jedes Gelenk wird durch einen Seilzugmechanismus gesteuert, der von drei Gleichstrommotoren bewegt wird. Ein weiterer Motor treibt zwölf Räder an, die rund um die äußere Hülle jeder Körpersektion montiert sind. Die Stellung der Gelenke wird mit Hilfe spezieller Sensoren im Inneren des Gelenkes festgestellt. Ein Lagesensor in jeder Sektion misst die Körperlage relativ zur Erdanziehung. Schließlich messen seitliche Sensoren an den Körpersektionen den Abstand zu Hindernissen in der Nähe.

Die einzelnen Mikro-Controller in den Sektionen können untereinander und mit dem Kopf über einen seriellen Bus (CAN[1]) Daten austauschen. Zur erfolgrei-

---

[1] Controller Area Network

chen Lösung einer Aufgabe ist eine koordinierte Aktivität dieser verschiedenen, asynchron arbeitenden Komponenten erforderlich.

Der Schwanz der Schlange wird von einer passiven Körpersektion gebildet, die Anschlüsse für eine externe Stromversorgung hat und Batterien aufnehmen kann. Damit kann die Schlange bis zu 30 Minuten autonom operieren.

4 Funktionalität der CeBIT-Demo

Auf der CeBIT'99 wurde die GMD-Snake2 erstmalig vorgestellt. Zur Demonstration der Fähigkeiten der Schlange wurde eine Anwendung als Rohr-Inspektionsroboter implementiert. Die Schlange hatte die Aufgabe, in einem Quadrat von nachgebildeten Abwasserröhren autonom umherzufahren.

Die Demonstration lief folgendermaßen ab:

1. Die Schlange überprüft die mittige Lage im Rohr. Eine Schräglage erkennt sie über ihren Gravitationssensor und leitet in einem solchen Falle Korrekturbewegungen ein.
2. Ist die Lage akzeptabel, fährt die Schlange bis zum nächsten Rohrabzweig. Durch einen Ultraschall-Sensor im Kopf der Schlange wird das Ende des Rohres erkannt.
3. Die Schlange bewegt den Kopf, um die Umgebung zu inspizieren; die Bilder der eingebauten Kamera werden per Funk übertragen.
4. Die Abbiegebewegung wird eingeleitet. Zur Berechnung der notwendigen Winkeleinstellungen für die einzelnen Gelenke wird vorher die Geschwindigkeit der Schlange berechnet (ebenfalls mit Hilfe des Ultraschallsensors).
5. Nach dem Abbiegevorgang wird wieder mit Punkt 1 fortgefahren.

Für die CeBIT-Demo wurde aus Zeitgründen auf eine genauere sensorgeführte Bewegung verzichtet. Zur Demonstration der Beweglichkeit und Steuerbarkeit der Schlange reichte diese Implementierung jedoch aus.

Das dort im Kopf verwendete Programm wird in einer einzigen Schleife ausgeführt, die vereinfacht dargestellt folgenden Aufbau hat:

```
Initialisierung von CPU und CAN-Controller;
zustand = 1;
WHILE TRUE {
    A/D-Wandlung der Kopf-Sensordaten;
    Uebertragung der Kopf-Sensordaten ueber CAN-Bus;
    Empfang der Sektions-Sensordaten ueber CAN-Bus;
    SWITCH (zustand) {
        CASE 1: // Korrektur Schraeglage
                Unterprogrammaufruf VERHALTEN_1;
                IF (VERHALTEN_1 fertig) zustand = 2;
        CASE 2: // Geradeausfahren bis Abzweig
                Unterprogrammaufruf VERHALTEN_2;
                IF (VERHALTEN_2 fertig) zustand = 3;
```

```
CASE 3: // Inspektion der Umgebung
        Unterprogrammaufruf VERHALTEN_3;
        IF (VERHALTEN_3 fertig) zustand = 4;
CASE 4: // Abbiegen in Abzweig
        Unterprogrammaufruf VERHALTEN_4;
        IF (VERHALTEN_4 fertig) zustand = 1;
}
Uebertragung der Sollwerte fuer Sektionen ueber CAN-Bus;
}
```

Der Kern des Programms besteht also aus einem endlichen Automaten, der im Falle der hier vorgestellten CeBIT-Demo vier Zustände annehmen kann. Abhängig vom aktuellen Zustand wird jeweils ein Unterprogramm aufgerufen, das die eigentliche Steuerungsfunktion realisiert.

Als Eingabeparameter erhält jedes Unterprogramm jeweils die aktuellen Sensorwerte, und als Ausgabeparameter liefert es Sollwerte für die Sektionen zurück. Durch diese Form der Modularisierung ist es leicht möglich, alle benötigten Unterprogramme unabhängig voneinander zu entwickeln und zu testen.

5 Software für verteilte Steuerung

Die Software-Architektur wurde so gewählt, dass der Kopf der Schlange die globale Kontrolle über die Bewegungen übernimmt. Die Software auf den einzelnen Sektionen setzt die vom Kopf gegebenen Kommandos um.

Bei der Entwicklung stellte sich die Frage, welche Aufgaben zur Steuerung der Schlange auf welchen Prozessoren erledigt werden sollen.

Die konzeptionell einfachste Alternative ist die zentrale Steuerung durch den Kopf der Schlange. Die Prozessoren in den Sektionen dienen dann lediglich der Erfassung aller lokalen Sensordaten und der Ansteuerung der Motoren. Die Sensordaten werden per CAN-Bus dem Kopf zur Verfügung gestellt. Die Sektionen erhalten direkte Kommandos zur Motoransteuerung vom Kopf.

Bei näherer Betrachtung der Hardware stellt sich dieser Ansatz als wenig zweckmäßig heraus, da der Prozessor im Kopf der Schlange sowie der CAN-Bus leicht zum Ressourcenengpass werden kann. Um eine definierte Bewegung eines Gelenkes zu erreichen, müssen die Werte der Winkelsensoren ständig ausgewertet werden und — in Abhängigkeit davon — die Motoren entsprechend gesteuert werden. Hinzu kommen zwei Forderungen, die das Ressourcenproblem verschärfen:

1. der Kopf hat lokale Sensorwerte zu verarbeiten, welches sehr aufwendig werden kann, und
2. die Seile sollten möglichst immer zumindest leicht gestrafft sein, um eine Schlaufenbildung zu vermeiden.

Die Spannung der Seile kann über Sensoren, die über die Motorlast Auskunft geben, bestimmt werden. Bei drei Seilen pro Gelenk und beispielsweise 5 Gelenken

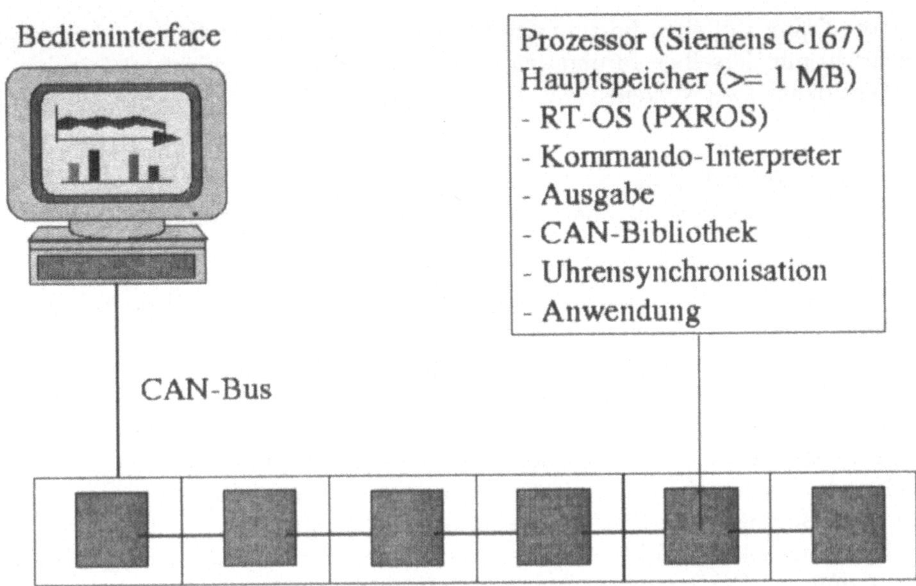

Abbildung3. Datenkommunikation über CAN-Bus

müsste der Kopf weitere 15 Regelungen durchführen, was außer CPU-Rechenzeit auch weiteren Kommunikationsaufwand bedeutet.

Aus diesen Gründen ist die Einstellung der Gelenke vollständig auf den einzelnen Sektionen implementiert worden. Der Kopf gibt lediglich die Sollwinkel der Gelenke vor, die dann durch die einzelnen Sektionen eingestellt werden. Der Kopf kann jederzeit die Sensorinformationen abfragen und somit überprüfen, ob die Soll-Positionen eingenommen worden sind oder nicht.

Die Software ist vollständig in C/C++ implementiert. In den einzelnen Sektionen läuft das Echtzeitbetriebssystem PXROS[2], das um ein Test-Interface zur interaktiven Ein-/Ausgabe von Kommandos und Log-Informationen erweitert wurde. Hierzu wurde eine CAN-Bibliothek implementiert, über die einzelne Tasks synchronisiert über den CAN-Bus kommunizieren können.

Hierdurch wird es ermöglicht, den Roboter mit Hilfe eines PCs, der über eine entsprechende Schnittstellenkarte an den CAN-Bus angeschlossen ist, zu überwachen und zu steuern. Dieses Bedieninterface wird im nächsten Abschnitt näher beschrieben.

Der Kopf und die Sektionen der Schlange kommunizieren, wie in Abbildung3 gezeigt, über den CAN-Bus, wobei die Kontrolle über den Nachrichtenverkehr ausschließlich durch den Kopf realisiert wird.

Zu diesem Zweck werden „Remote-Frames" verwendet. Remote-Frames werden von einem Controller verschickt und triggern das Versenden von Nachrichten eines anderen Controllers. In unserem Falle versendet der Kopf bei Bedarf ein

---

[2] Portable eXtendable Real-Time Operating System, HighTec, Saarbrücken

Remote-Frame mit einer bestimmten CAN-Id an einen Controller, der dann eine Nachricht mit derselben Id und den geforderten Daten verschickt.

Dies bietet zwei Vorteile:

1. Die Buslast wird nur durch den Kopf bestimmt, d.h. die Buslast ist sehr einfach kontrollierbar.
2. Die Daten werden nur übertragen, wenn sie wirklich benötigt werden.

Der Empfang eines Remote-Frames und das Versenden der geforderten Nachricht geschieht ohne Beteiligung der jeweiligen CPU, d.h. die Prozessoren der Sektionen werden dadurch nicht in ihrer Arbeit behindert.

Ob die Ressourcen für die gewünschten Bewegungen immer ausreichen ist noch nicht klar. Es ist durchaus möglich, dass in bestimmten Situationen manche Sensoren sehr häufig verwendet werden, in anderen jedoch gar nicht. Bei einem Abbiegevorgang nach rechts werden Abstandssensoren auf der rechten Seite der Schlange beispielsweise recht wichtig sein und daher besonders häufig verwendet. Bei einer Geradeausfahrt ist dies vielleicht nicht notwendig.

In einem solchen Falle macht es Sinn, eine Rekonfiguration der Software durchzuführen. Zur Unterstützung der dynamischen Rekonfiguration von Echtzeitapplikationen wurde das DIRECT-System [9] entworfen, das sich derzeit in der Implementierungsphase befindet.

6 Bedieninterface auf PC

Über ein Laptop (Windows 95) mit CAN-Interface können die Programme in die Schlange heruntergeladen werden. Da der Ladevorgang standardmäßig nur über die serielle Schnittstelle möglich ist, wurde der PXROS-Lader um ein CAN-Interface erweitert. Einerseits wird hierdurch eine Verkürzung der Ladedauer erreicht, andererseits ist damit keine serielle Schnittstelle mehr vonnöten, welches bei 6 Prozessoren natürlich vorteilhaft ist.

Ist die Software nach der Entwicklung stabil, so wird sie in die Flash-ROMs der Sektionen geladen, so dass sich im Zielsystem jeglicher Ladevorgang erübrigt. Über das in Abbildung4 gezeigte graphische Bedieninterface[3] können die Sensorwerte aller Sektionen ausgelesen und dargestellt, alle Aktoren einzeln, sowie koordiniert bewegt werden.

Auf das Betriebssystem PXROS wurde ein Kommunikationsinterface implementiert, das zum einen eine synchronisierte Ausgabe von mehreren Prozessen über den CAN-Bus ermöglicht und zum anderen einen einfachen Kommando-Interpreter enthält, der benutzerdefinierte Kommandos über den CAN-Bus empfangen und entsprechend ausführen kann. Über das Bedieninterface (Windows 95 oder Windows-NT) kann zu jedem Prozessor der Schlange eine Kommunikationsverbindung hergestellt werden, so dass interaktiv jedes Segment der Schlange getestet werden kann. Während des Betriebs der Schlange werden Sensorinformationen zum PC übertragen und dort grafisch aufbereitet dargestellt.

---

[3] implementiert mit Graphic-Library wxWindows, Anthemion Software

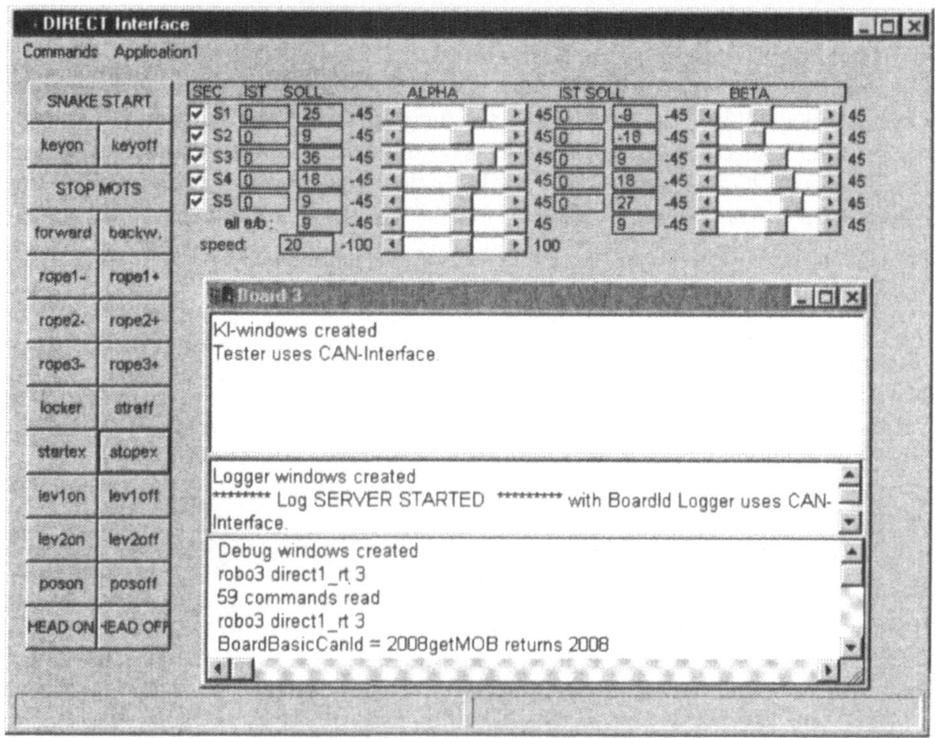

Abbildung4. Bedieninterface auf PC

7 Ausblick

Mit dem hier vorgestellten Design sind einfache Bewegungen gut durchführbar. Es stellt sich natürlich die Frage, inwieweit die verteilte Architektur ausgereizt werden kann. Nimmt man sich die Natur zum Vorbild, so lässt sich beobachten, dass viele „Sensorwerte" nicht über das Gehirn, sondern lokal verarbeitet werden. Dieses Verfahren kann man auf die Schlange übertragen.

Um das Schlängeln einer natürlichen Schlange nachzubilden, reicht es aus, wenn eine Sektion die Bewegung der vorherigen Sektion im richtigen zeitlichen Takt nachvollzieht. Hierzu ist eine Kommunikation mit dem Kopf der Schlange nicht notwendig. So kann eine alternative Steuerung der Schlange so aussehen, dass der Kopf eine Art Verhaltensanordnung gibt, und sich die einzelnen Sektionen entsprechend dieser verhalten. Beispielsweise könnte der Kopf an die nachfolgenden Sektionen die Order „Folgen" und zusätzlich eine Geschwindigkeit für die Räder vorgeben.

Anders wird die Steuerung bei der Überquerung eines Hindernisses sein. Muss sich die Schlange aufrichten, so wird sie nämlich instabil. Das Aufrichten des Vorderteiles der Schlange muss also einhergehen mit einer Stabilisierung durch den hinteren Teil. Hierbei würde ein einfaches „Folgen" der hinteren Sektionen ein Umkippen der Schlange zur Folge haben.

In welcher Richtung die Arbeiten an GMD-Snake2 weitergeführt werden, hängt von der konkreten Anwendung ab, die angestrebt werden soll. Es besteht zum Beispiel Interesse am möglichen Einsatz des Roboters bei der Katastrophenhilfe. Auf jeden Fall fließen die mit GMD-Snake2 gesammelten Erkenntnisse und Erfahrungen in das Szenario „Kanalrobotik" ein, in dem es darum geht, autonom operierende Roboter für Inspektion und Wartung von Abwasserkanälen zu entwickeln.

Literatur

1. Rainer Worst: Robotic snakes. In *Proceedings of the Third German Workshop on Artificial Life*, S. 113–126, Verlag: Harri Deutsch, 1998, ISBN: 3-8171-1591-1
2. Shigeo Hirose: Biologically Inspired Robots. Oxford University Press, 1993, ISBN 0-19-856261-6
3. G. S. Chirikjian, J. W. Burdick: Design, implementation, and experiments with a thirty-degree-of-freedom 'hyper-redundant' robot. In *ISRAM 1992*, November 1992.
4. K.-L. Paap, M. Dehlwisch, B. Klaaßen: GMD-Snake: A semi-autonomous snake-like robot. in *Distributed Autonomous Robotic Systems 2*, Tokio, 1996, Springer-Verlag.
5. Hermann Streich, Martin Gergeleit, Jörg Kaiser: Dynamische Ressourcenplanung am Beispiel einer Robotersteuerung. In *GI Informatik aktuell, P. Holleczek (Hrsg.): PEARL 95, Workshop über Realzeitsysteme*, S. 113–121, Springer Verlag, Berlin, 1995, ISBN 3-540-60668-8
6. Rainer Worst, Ralf Linnemann: Construction and operation of a snake-like robot. In *Proceedings IEEE International Joint Symposia on Intelligence and Systems*, S. 164–169, Los Alamitos, CA, 1996, IEEE
7. Bernhard Klaaßen, Karl-Ludwig Paap: GMD-SNAKE2: A snake-like robot driven by wheels and a method for motion control. In *Proceedings of ICRA 99*, May 10-15 1999, IEEE Computer Society Press
8. http://set.gmd.de/~worst/snake-collection.html
9. H. Streich, M. Gergeleit: On the design of a dynamic distributed real-time environment. In *Proceedings of the WPDRTS*, April 1997, Geneva, Switzerland

Echtzeitsystem für einen zweibeinigen Roboter

A. Albert, W. Gerth, J. Hofschulte, O. Schermeier

Institut für Regelungstechnik, Universität Hannover
Appelstrasse 11, 30167 Hannover
home page: `http://www.irt.uni-hannover.de/`

Zusammenfassung Die Einsatzgebiete von Servicerobotern unterliegen oft stetigen Veränderungen oder sind a priori gänzlich unbekannt. Diese Unsicherheiten erfordern eine Roboterstruktur, die eine autonome Navigation erlaubt. Zu berücksichtigende Aspekte sind hierbei der mechanische Aufbau, die Leistungsversorgung, die Sensorik sowie die Rechnerplattform. Dieser Artikel stellt das für den am Institut für Regelungstechnik entwickelten zweibeinigen Roboter BARt-UH verwendete Software- und Hardwarekonzept vor. Die Synthese von Software und Hardware ist von grundlegender Bedeutung, um eine hohe Leistungsfähigkeit und Zuverlässigkeit zu gewährleisten. Für die Navigation des Roboters kommt der Mikrocontroller MPC555 aus der PowerPC-Familie und das Multitasking-Echtzeit-Betriebssystem RTOS-UH zum Einsatz.

1 Einführung

Begünstigt durch die Fortschritte in der Sensor- und Rechnertechnik sind Roboter in der Lage, immer komplexere Aufgaben durchzuführen. Das Zeitalter der Serviceroboter, die für den Menschen mühsame oder unzumutbare Aufgaben übernehmen sollen, scheint damit angebrochen. Mögliche Anwendungsgebiete sind die Bereiche Wartung, Sanitär, Transport, Chirurgie oder auch Haushaltshilfen.
Im Vergleich zu Industrierobotern ist die Arbeitsumgebung von Servicerobotern nicht zwingend a priori bekannt. Serviceroboter müssen unter diesen Bedingungen eine vollständige oder teilweise autonome Arbeitsweise aufweisen. Wesentliche Merkmale sind in diesem Zusammenhang eine Reaktions- und Lernfähigkeit. Um eine Navigation in unbekannter Umgebung durchzuführen, sind Serviceroboter mit entsprechenden Sensoren auszustatten. Beispiele hierfür sind taktile Sensoren für die Kontakterkennung, Sensoren zur Bestimmung der Entfernung von Objekten und Hindernissen (Laser, Ultraschall und Infrarot) sowie visuelle Sensoren, die die umfangreichsten Informationen über die Umgebung liefern.
Die für die Bewegung in der Ebene sehr effizienten Radantriebe stoßen bei auftretenden Hindernissen an ihre Grenzen. Für den menschlichen Lebensraum (Treppen u.ä.) erscheint daher ein Beinantrieb vorteilhafter. Bisherige Ansätze lehnen sich hauptsächlich an die in der Natur weit verbreiteten Vier- und Sechsbeiner an [4]. Zweibeiner (Beispiele in [2,5]) erfordern in der Regel einen höheren regelungstechnischen Aufwand; sie sind aber auf Grund ihrer geringeren Ausdehnung flexibler in ihrer Bewegung. Weiterhin ist davon auszugehen, daß sie in

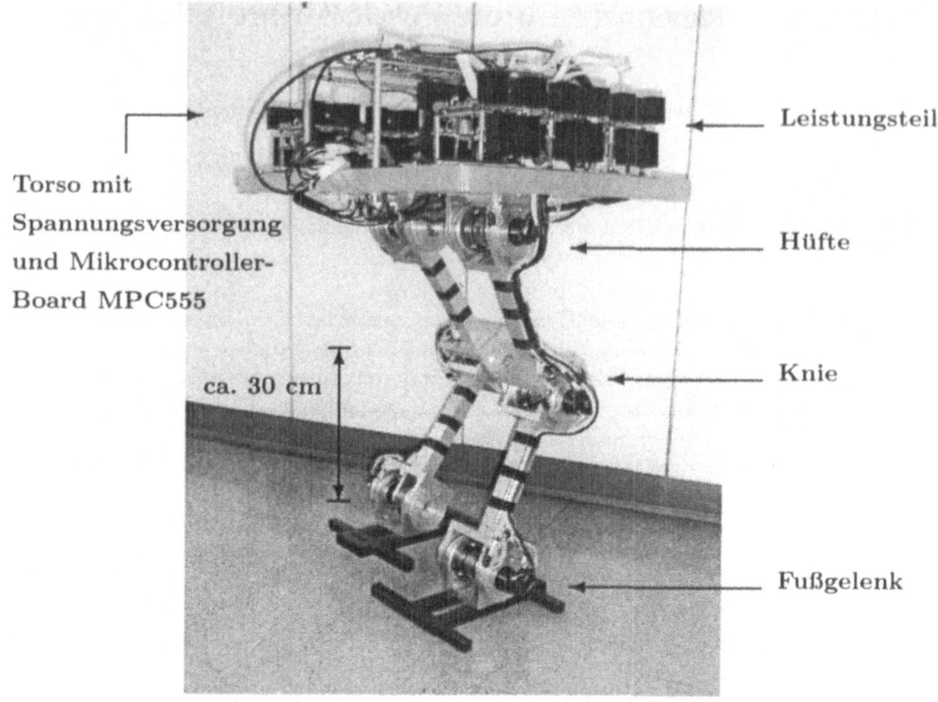

Abbildung1. Zweibeiniger Roboter BARt-UH

einer durch den Menschen geprägten Welt eine höhere Akzeptanz erfahren. Dies
dürfte insbesondere dann gelten, wenn sie Dienstleistungen für den Menschen
erfüllen sollen.

Autonome Roboter erfordern im allgemeinen komplizierte Strategien zur Navigation. Neben einer leistungsstarken Rechnerplattform und der notwendigen Hardware zur Ansteuerung der Sensoren wird eine Programmierumgebung benötigt,
die Multitasking unterstützt und Echtzeitfähigkeit besitzt. Mit der Eigenent-
wicklung RTOS-UH[1] verfügt das Institut für Regelungstechnik der Universität
Hannover über ein adäquates Werkzeug, das sich seit vielen Jahren sowohl im
industriellen als auch im wissenschaftlichen Einsatz bewährt hat. In seiner gesamten Konzeption ist RTOS-UH gezielt für die Anforderungen optimiert, die
bei der Regelung und Automatisierung realer Prozesse auftreten. Besonderes
Augenmerk gilt dabei stets den Reaktionszeiten auf externe Ereignisse und den
auftretenden Taskwechselzeiten. Für die Programmierung von Regelungsalgo-
rithmen wird hauptsächlich die Echtzeit-Hochsprache PEARL90 (DIN 66253-2)
verwendet. Sie enthält alle notwendigen Elemente zur Ein- bzw. Ausplanung,
zur Unterbrechung, Fortsetzung und Beendigung einzelner Tasks sowie Vorkeh-
rungen zur Synchronisation mehrerer Tasks. RTOS-UH wurde auf nahezu allen
Motorola Prozessoren der 68k- und der PowerPC-Familie portiert. Weitere Infor-

---

[1] **Real-Time Operating System - Universität Hannover**

mationen zum Multitasking-Echtzeit-Betriebssystem RTOS-UH sind unter der URL 'http://www.rtos.irt.uni-hannover.de' zu finden.

Dieser Artikel gliedert sich wie folgt: Zunächst werden in Abschnitt 2 der Mikrocontroller MPC555 vorgestellt und einige Aspekte bezüglich der Portierung des Betriebssystem RTOS-UH erläutert. Weiterhin werden einige Benchmarks aufgezeigt, die eine Einordnung der Prozessorleistung vermitteln sollen. Aufgrund der zahlreichen integrierten Module sowie der FPU erscheint dieser Prozessor ein ideales Werkzeug für die Anwendung auf dem Gebiet der Serviceroboter zu sein. Abschnitt 3 widmet sich dem in Abbildung 1 gezeigten zweibeinigen Roboter BARt-UH[2]. Nach einer kurzen Beschreibung wird die implementierte Regelungsstrategie skizziert. Abgeschlossen wird der Artikel mit einer Zusammenfassung und einigen Ausblicken auf weiterführende Arbeiten.

2 Mikrocontroller für autonome Roboter

Für Anwendungen im Bereich der autonomen Roboter müssen Mikrocontroller einige grundlegende Eigenschaften aufweisen. Von großer Bedeutung ist die einfache Handhabung unterschiedlichster Sensoren. Modernes Chipdesign erlaubt zunehmend die Integration üblicherweise peripherer Bausteine auf dem Prozessorchip. Hierbei sind zwei Mikrocontroller erwähnenswert: Der MC68376 als Mitglied der CPU32-Familie und der MPC555 mit der PowerPC-RISC-Technologie. Beide verfügen über eine Vielzahl integrierter Bausteine, die früher nur als externe Module realisierbar waren.

Neben den Fähigkeiten des MC68376 besitzt der MPC555 zusätzlich eine FPU (floating point unit). Dadurch kann der MPC555 eine große Rechenleistung zur Realisierung komplizierter Regelungsstrategien für autonome Roboter zur Verfügung stellen. So ist beispielsweise zur Berechnung der kinematischen Gleichungen eines beinangetriebenen Roboters eine schnelle Verarbeitung von trigonometrischen Funktionen erforderlich. Trigonometrische und logarithmische Funktionen treten auch bei der Verwendung von neuronalen Regelungsstrategien auf.

2.1 Mikrocontroller MPC555

Der MPC555 besteht im wesentlichen aus einem PowerPC-Kern (Taktfrequenz 40Mhz), einer 64-bit-FPU und zahlreichen Modulen für die Anwendung in der Automatisierungstechnik. Alle Module sind imstande Interrupts auszulösen. Die aus der 683xx Reihe bekannte Time Processor Unit (TPU) liegt in einer weiterentwickelten Form mit 32 frei programmierbaren Timerkanälen vor. Neben den 'festvergossenen' Timerfunktionen (Pulsweitenmodulation, Schrittmotoransteuerung, Quadraturdecoder, Frequenzmessung, u.v.m.) können geeignete Funktionen auch frei programmiert werden. Die TPU besitzt eine eigene 'micro engine' und arbeitet somit vollständig autonom ohne den Prozessor zu belasten.

---

[2] Bipedal Autonomous Robot-Universität Hannover

Zusätzliche Timerfunktionen (18 Kanäle) sind mit Hilfe des modularen MIOS1 Moduls realisierbar. Dieses erlaubt auch den Aufbau von zwei Parallelports. Das QADC64 Modul bietet die Möglichkeit, bis zu 82 analoge Eingangskanäle mit einer Auflösung von 10-bit zu digitalisieren. Zur Kommunikation stehen außerdem zwei serielle Schnittstellen und zwei CAN[3]-Anschlüsse (TOUCAN) zur Verfügung. Weiterhin kann eine serielle Übertragungstrecke mit einer Datenrate bis zu 10Mbit/s aufgebaut werden (QSMCM). Nicht zuletzt sind noch das 26 KByte große on-chip SRAM und das 448 KByte on-chip Flash EEPROM zu nennen, das genügend Raum für die Unterbringung eines leistungsfähigen Betriebssystems bietet. Das interne Flash EEPROM wird durch sogenannte 'page buffer' adressiert. Sie arbeitet ähnlich einem Cache und erlauben einen schnellen Datenzugriff und eine schnelle Befehlsabarbeitung [6].

2.2 Benchmarks

Um die Leistungsfähigkeit des Gespanns aus MPC555 und RTOS-UH einzuschätzen, wurden einige Benchmarks durchgeführt [1]. Mit Hilfe von Schleifenoperationen wurde die Performance bei ganzzahligen Operationen INT, Gleitkommaoperationen REAL und bei trigonometrischen und logarithmischen Funktionen TRIGLOG untersucht (siehe Tabelle 1). Die Programme der Bench-

Tabelle1. Relative Performance und Taskwechselzeiten für A-B-A Zyklus (2 Kontextwechsel pro Zyklus)

CPU	clock	FPU	INT	REAL	TRIGLOG	Taskwechselzeiten
MPC555	40 MHz	ja	100%	100%	100%	$26.3\mu s$
MC68376	21 MHz	nein	12.8%	2.0%	1.7%	$110\mu s$
MPC821	40 MHz	nein	143%	10.1%	6.0%	$16.9\mu s$
MC68060	50 MHz	ja	125%	111%	143%	$13.5\mu s$

marks sind in der Echtzeit-Hochsprache PEARL90 unter RTOS-UH codiert. Der PEARL90-Compiler erlaubt durch Compilerdirektiven die Erzeugung eines optimierten Codes für das jeweilige Zielsystem. Hiervon wurde für die Benchmarks Gebrauch gemacht. Beim MPC555 befand sich das Betriebssystem im internen Flash EEPROM des Systems. Weiterhin wurde auch der interne SRAM der Speicherverwaltung von RTOS-UH zugänglich gemacht. Dadurch ist es möglich, diesen internen Speicher für den Taskworkspace (Taskvariablen und Kontext) zu nutzen.

Der MC68376 weist eine ähnliche Funktionalität wie der MPC555 auf. Insbesondere bei den Gleitkomma-Rechnungen ist er ihm jedoch wegen der fehlenden

---

[3] Unter regelungstechnischen Gesichtspunkten erscheint das CAN-Protokoll adäquat zu sein, da es auf Grund der endlichen Paketlänge und dem Prioritätsmechanismus Echtzeitfähigkeit besitzt. Echtzeit in diesem Zusammenhang bedeutet, daß eine maximale Zeitangabe möglich ist, in der die Nachricht mit der aktuell höchsten Priorität den Buszugriff erhält.

FPU unterlegen. Der für die Bildverarbeitung konzipierte MPC821 besitzt ebenfalls einen PowerPC-Kern mit der gleichen Taktrate, jedoch keine FPU. Dafür verfügt er über einen Cache. Der MC68060 stellt den leistungsstärksten Vertreter der 68k-Familie dar. Im Vergleich hierzu zeigt der MPC555 eine ähnlich gute Performance auf.

In Multitasking-Umgebungen wird den Taskwechselzeiten[4] eine große Beachtung geschenkt. Zu diesem Zwecke wurde das folgende Szenario untersucht: Zwei Tasks A (niedrige Priorität) und B (höhere Priorität) befinden sich in einer Dauerschleife. Task B führt in ihrer Dauerschleife eine Selbst-Suspendierung durch. Die Aufgabe der Task A besteht in der Fortsetzung der Task B. Über einen Zeitraum von 30 Sekunden wird jeweils die Anzahl der A-B-A Zyklen gezählt. Bei den Versuchen befanden sich 30 Tasks im Dispatcher-Ring. Task B nahm in dieser prioritätsorientierten Kette die achte Position ein, Task A die neunte. Die Ergebnisse sind ebenfalls der Tabelle 1 zu entnehmen. Hierbei erweist sich der fehlende Cache als der Schwachpunkt des MPC555. Abschließend bleibt jedoch festzuhalten, daß dieser Prozessor eine neue Leistungsklasse für den embedded-Bereich zur Verfügung stellt.

3 Zweibeiniger Roboter BARt-UH

3.1 Aufbau

Abbildung 1 zeigt den entwickelten zweibeinigen Roboter BARt-UH [3]. Jedes Bein ist mit einem Fuß-, einem Knie- und einem Hüftgelenk ausgestattet; resultierend in sechs aktiven Freiheitsgraden. Die Bewegung von BARt-UH ist zunächst auf die sagittale Ebene beschränkt. Dies ist jedoch ausreichend, um das Gleichgewicht während des Gehens zu untersuchen. Durch konstruktive Maßnahmen an der Fußform wird eine seitliche Kippneigung reduziert. BARt-UH ist in der Lage, sowohl den Bewegungsmechanismus des Menschen als auch eines Vogels nachzuempfinden. Der Roboter beherrscht statisch und dynamisch stabiles Gehen. Das statisch stabile Gehen ist durch kleine Schritte gekennzeichnet. Der Schwerpunkt des Roboters befindet sich zu jedem Zeitpunkt über der Fußfläche. Beim dynamisch stabilen Gehen wird die Stabilität erst durch die Bewegung gewährleistet. Der Roboter durchläuft dabei statisch instabile Punkte.

Um eine streng autonome Arbeitsweise zu ermöglichen, verfügt BARt-UH über eine eigene Spannungsversorgung auf dem Roboter. Weiterhin befindet sich auch der regelnde Prozessor (Mikrocontroller-Board mit MPC555) samt Betriebssystem und Programmierumgebung auf der Plattform über den Beinen (Torso). BARt-UH kann damit gänzlich ohne Versorgungsleitungen operieren. Die Ansteuerung der Gelenke übernehmen Leistungsteile (ebenfalls auf dem Torso).

Jedes Gelenk besitzt den gleichen Aufbau und besteht aus einem Gleichstrommotor und einem Harmonic-Drive Getriebe. Am Wellenende der Motoren ist zur Positionsermittlung ein Inkrementalgeber angebracht. Die Inkrementalgeber

---

[4] Zeitspanne für die Übergabe der CPU-Leistung von einer Task zu einer anderen, die als Maß für die Reaktionsschnelligkeit eines Systems dient.

erlauben zusammen mit der Getriebeuntersetzung eine Auflösung von 202000 Impulsen pro Umdrehung eines Gelenks (Winkelauflösung von ca. $0.0018°$). Für die Auswertung der Winkelstellung kommt die TPU des Mikrocontrollers zum Einsatz. Die Einbaufunktion 'fast quadrature decode' erlaubt neben der Zählung der Inkremente auch die Bestimmung der Drehrichtung. Hierzu werden für jeden Inkrementalgeber zwei TPU-Kanäle benötigt.

Sechs Kanäle des MIOS1 Moduls versorgen die Brückenschaltungen zur Ansteuerung der Motoren mit pulsweitenmodulierten Signalen. Die interne Taktfrequenz des MIOS1 Moduls beträgt dabei 20 MHz. Damit könnte man für eine Ansteuerung mit 100 verschiedenen Spannungswerten in beide Drehrichtungen (Quantisierung mit 1 %) eine Frequenz von 100 kHz realisieren. Hohe Frequenzen erlauben einen ruhigeren Lauf der Motoren; sie rufen aber gleichzeitig auch höhere Schaltverluste hervor. Ein guter Kompromiß wurde mit einer Arbeitsfrequenz von 40 kHz gefunden. Damit stehen in beide Drehrichtungen 250 verschiedene Spannungswerte zur Verfügung und die Quantisierungsfehler werden vernachlässigbar.

Soll eine Momenten- bzw. Stromregelung erfolgen, so können die Ströme durch die Motoren mit Hilfe des integrierten Analog/Digital Wandlers mit einer Auflösung von 10 bit digitalisiert werden.

Einen Überblick über die Leistungsfähigkeit der integrierten Module des Prozessors gibt die Zeit, die für die während der Regelung notwendigen I/O Operationen gemessen wurde. Die Anbindung an die PEARL90-codierte Reglertask erfolgte mit Hilfe binärer Datenstationen (Zeiger auf festgelegte Speicheradressen). Die I/O Operationen umfaßten sechs Einleseoperationen für die Strommessung über den AD-Wandler, sechs Einleseoperationen über die TPU für die Winkelpositionen und sechs Schreiboperationen für die pulsweitenmodulierte Ansteuerung der Motoren über das MIOS1 Modul. Die Messung ergab $8\mu s$. Bei einer Abtastzeit von $10ms$ entspricht dies einer Last von weniger als 0.1 %. Es enstehen somit kaum Totzeiten, die kritisch für die Regelung wären.

3.2 Regelungsstrategie

Abbildung 2 zeigt die mechanische Ersatzanordnung von BARt-UH. Es handelt sich hierbei um eine offene kinematische Kette mit sechs Freiheitsgraden. Für die Regelung wird jedoch nicht die gesamte kinematische Kette berücksichtigt, sondern eine Unterscheidung zwischen stehendem und schwingendem Bein vorgenommen. Eine dynamische Kopplung beider Beine wird vernachlässigt. Da noch kein Gleichgewichtssensor vorliegt, der Auskunft über den tatsächlichen Zustand von BARt-UH geben könnte, ist bisher eine hybride Strategie aus Steuerung und Regelung realisiert.

Die Gehbewegung des Roboters besteht zum einen aus der Planung sinnvoller Bahnen und zum anderen aus dem exakten Abfahren der geplanten Positionen oder Trajektorien. Geeignete Trajektorien lassen sich im Vorfeld mit Hilfe von Simulationen ermitteln. Zur Laufzeit sind dann im wesentlichen folgende Aufgaben durchzuführen:

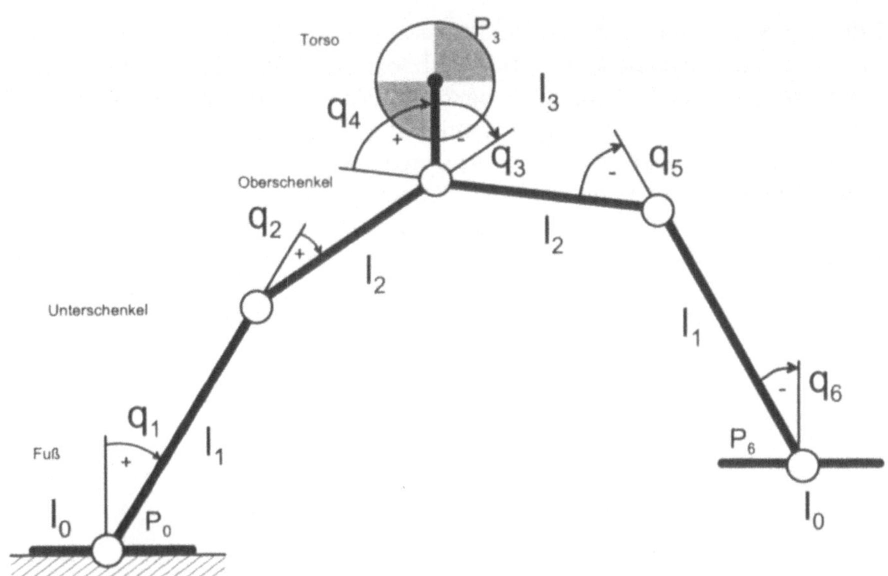

Abbildung2. Mechanisches Ersatzmodell des zweibeinigen Roboters BARt-UH

- Umwandlung der ermittelten Trajektorien in Umweltkoordinaten (Positionen der Massen in einem ortsfesten Koordinatensystem) mit Hilfe der inversen Kinematik in eine Beschreibung in Gelenkkoordinaten (q_1, q_2, q_3) bzw. (q_4, q_5, q_6).
- Realisierung eines Reglers, der die Abweichungen der Gelenkwinkel von den Sollgrößen beseitigt.
- Koordination der Gehbewegung und Umschaltung zwischen stehendem und schwingendem Bein.

Hauptaufgabe der Regelung ist die Vermeidung des Kippens des Roboters in der Bewegungsrichtung. Der Kippvorgang selbst entsteht dadurch, daß der Fuß des stehenden Beines an einer Seite der Auflagefläche den Bodenkontakt verliert. Die am Boden bleibende Seite kann dann kein Moment mehr aufnehmen und der Roboter kippt. Die Stabilität der Gehbewegung hängt damit maßgeblich von dem Fußmoment ab. Im Idealfall findet sich eine Trajektorie, bei der das Fußmoment stets Null ist.

Um eine geeignete Trajektorie zu finden, wird die idealisierte Annahme der *Inverted Pendulum Method* benutzt [5]. Bei dieser Methode wird das Systemmodell zu einem Einmassen-System vereinfacht (Abbildung 3). Diese Masse sitzt zentriert auf dem Torso; Beine und Gelenke sind masselos. Das Ziel ist nun das Auffinden einer Bewegung, bei der das Fußgelenk kein Moment aufbringt. Damit ist der Fuß als Lager modellierbar, das Normal- und Querkräfte, aber keine Momente aufnehmen kann. Das schwingende Bein ist hier nicht mehr modelliert, da es aufgrund der Annahme masseloser Beine keinen Einfluß auf die Systemdynamik besitzt. Eine Trajektorie für das schwingende Bein kann daher unabhängig von der Bewegung des stehenden Beines bestimmt werden.

Ziel der Bewegungsplanung der Punktmasse (Torso) ist es, Winkelverläufe für die drei Gelenke des stehenden Beines zu bestimmen. Zur Bestimmung von drei Winkeln werden drei Bedingungen benötigt. Eine Bedingung ergibt sich über die Summe der drei Winkel. Wird nämlich gefordert, daß sich der Torso stets senkrecht zum Untergrund befindet, so gilt jederzeit für die in Abbildung 2 eingetragenen Winkel mit dem angegebenen Zählsinn $q_1 + q_2 + q_3 = 0$. Diese Bedingung wird als Schließbedingung[5] bezeichnet. Um zwei weitere Bedingungen zu ermitteln, wird nun die Bewegung der Punktmasse betrachtet. Zur Vereinfachung der Bewegung ist hierfür angenommen, daß die Punktmasse immer einen konstanten Abstand y_H zum Boden besitzt. Damit hat der Torso des Roboters während der

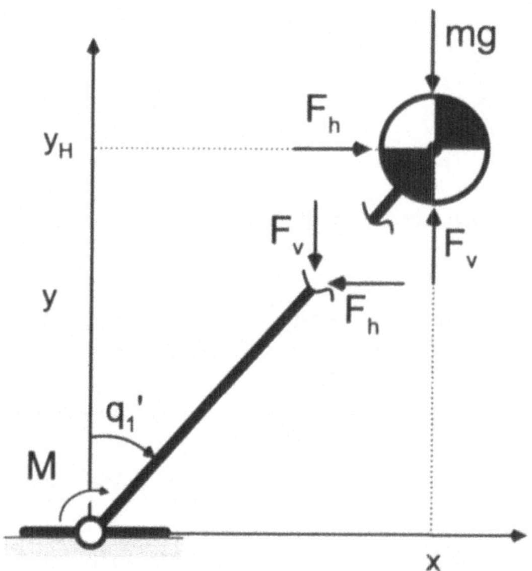

Abbildung3. Freigeschnittenes Ersatzsystem

Gehbewegung eine konstante Höhe, was auch aus energetischen Betrachtungen sinnvoll erscheint. Ist die Höhe des Schwerpunktes während der Gehbewegung konstant und wird durch die Ansteuerung des Systems die Schließbedingung erfüllt, so besitzt das System nur noch einen Freiheitsgrad, den Winkel q_1'. Somit kann das entstandene System als ein inverses Pendel aus einer Teleskopstange mit einer Punktmasse interpretiert werden, die durch konstruktive Maßnahmen stets eine konstante Höhe besitzt.

Durch die Forderung eines Nullmomentes am Gelenk des stehenden Beines ist die Bewegung des Systems nun festgelegt. Dazu muß das System die durch die Gravitation bestimmte Eigenbewegung durchführen. Der Verlauf des Torsos in

---

[5] Die Schließbedingung des schwingenden Beines ist dadurch bestimmt, daß der Fuß stets parallel zum Boden ist.

x-Richtung und die konstante Höhe y_H wird durch die inverse Kinematik in die beiden Minimalkoordinaten q_1 und q_2 umgerechnet. q_3 ergibt sich durch die Schließbedingung. Diese stellen die Sollwerte der Gelenkregler dar.
Die Bahn für den schwingenden Fuß ist, wie bereits erwähnt, unabhängig wählbar. Sie wird als Interpolation eines Polynoms 4.Grades bestimmt. Die hierfür erforderlichen Randbedingungen für die fünf freien Parameter ergeben sich aus der Schaltbedingung zum Zeitpunkt des Wechsels zwischen schwingendem und stehendem Bein, der minimalen Flughöhe, um Kollisionen mit dem stehenden

Abbildung4. Bahn des schwingenden Fußes, aufgenommen durch Langzeitbelichtung

Fuß zu vermeiden und der verschwindenden Anfangs- und Endgeschwindigkeit, um das Auftreten sanfter zu gestalten. Auch diese Trajektorie wird in Umweltkoordinaten vorgegeben und zur Laufzeit durch die inverse Kinematik in die entsprechenden Gelenkkoordinaten umgerechnet. Abbildung 4 zeigt die reale Fußbewegung des schwingenden Beines. Dazu wurde am hängenden Roboter eine Leuchtdiode am schwingendem Fuß angebracht, die durch einen Frequenzgenerator angesteuert wird. Die Aufnahme zeigt eine Langzeitbelichtung. Lange Striche korrespondieren daher mit schnellen Geschwindigkeiten. In Abbildung 5 ist die Bewegungsstudie einer vollen Schrittperiode beim dynamisch stabilen Gehen dargestellt. Dabei wurde der menschenähnliche Gang durchgeführt.

Zusammenfassung und Ausblicke

Durch die hohe Integrationsmöglichkeit bei heutigem Chipdesign werden sehr effiziente mechatronische Systeme realisierbar. Um das Potential tatsächlich auszuschöpfen, benötigt man jedoch eine geeignete System- und Programmierumgebung, die die Ankopplung des mechatronischen Systems und der Sensorik an die Anwenderprogramme auf flexible Weise erlaubt. Weiterhin sollte die verwendete Rechnerplattform zum Zwecke der Kommunikation mit anderen Robotern oder einer Leitstation eine drahtlose Verbindung auf der Basis von Infrarot oder Funk erlauben.
Die bisherigen Untersuchungen mit dem zweibeinigen Roboter berücksichtigen nur die Bewegung in einer Richtung. Weitere Arbeiten widmen sich der Erweiterung der Zahl der Freiheitsgrade, um auch Drehbewegungen ausführen zu können. Zur Zeit wird ein Gleichgewichtssensor entwickelt, um die Stabilität des Gehens zu verbessern. Damit wird BARt-UH in der Lage sein, Unebenheiten des

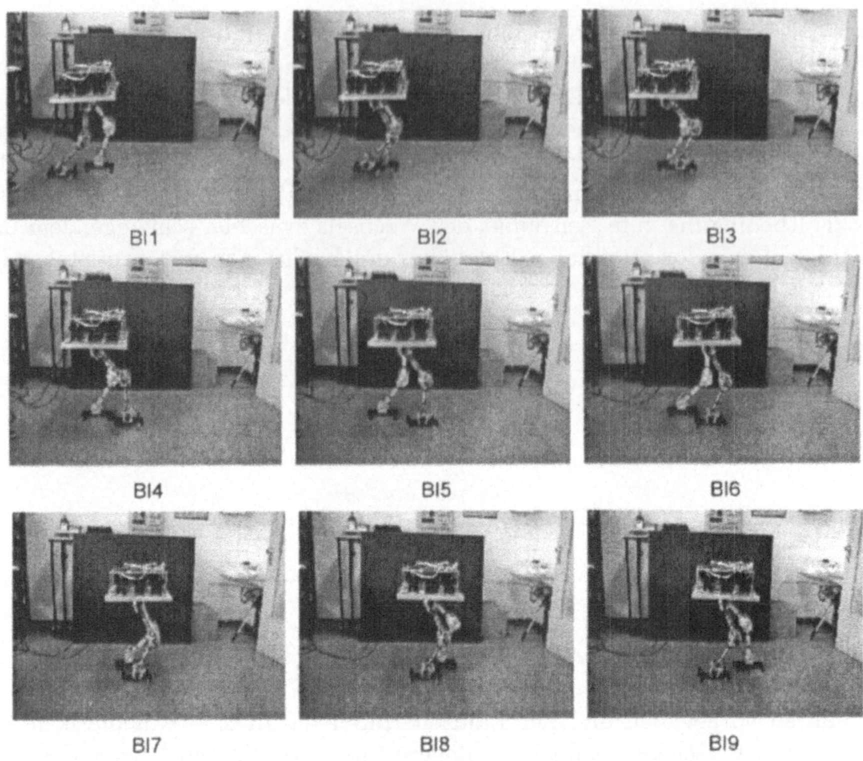

Abbildung5. Bildsequenz des dynamisch stabilen Gehens

Untergrundes und äußere Krafteinwirkungen zu detektieren sowie diese auszugleichen. Der bisherige Aufbau berücksichtigt nur die Gehbewegung. Der Torso von BARt-UH ist zu erweitern, um auch Dienste verrichten bzw. Werkzeuge aufnehmen zu können.

Literatur

1. A.Albert, B.Wolter: *Multitalent MPC555: Schneller durch Gleitkomma-Einheit*, Elektronik, Vol.15, S. 48-53, 1999
2. K.Hirai: *The Honda Humanoid Robot*, 1997 IEEE International Conference on Intelligent Robot Systems, S. 499-508, 1997
3. J.Hofschulte, O.Schermeier: *Entwurf, Aufbau und Inbetriebnahme eines bipedalen Roboters*, Diplomarbeit am Institut für Regelungstechnik 1999, unveröffentlicht
4. T.Ihme, A.Schneider, U.Schmucker: *The use of a six-legged walking robot as an adaptive platform*, Workshop Autonomous Walking '98
5. S.Kajita, K.Tani: *Experimental Study of Biped Dynamic Walking in the Linear Inverted Pendulum Mode*, IEEE International Conference on Robotics and Automation, S.2885-91, Mai 1995
6. Motorola: *MPC555 User's Manual*, Version March 1999
7. *Zweibeiniger Roboter BARt-UH*, http://www.biped.irt.uni-hannover.de/

BOMS -
Erfahrungsbericht über die Implementierung
eines Back-Ofen-Monitoring-Systems

Karlotto Mangold
ATM Computer GmbH
Konstanz

Zusammenfassung

In diesem Beitrag sollen die Erfahrungen bei der Implementierung eines einfachen und kleinen Backofen-Überwachungs-Systems dargestellt werden. Aufgabe des Systems ist einerseits die Verhinderung von „Schwarz"wälder oder „Branden"burger Backwaren und andererseits die Sicherstellung eines ordentlichen Backvorgangs.

Zunächst wird kurz das System und der zu überwachende Prozeß (sowohl Heizphase, als auch Backphase) erläutert. Im zweiten Teil werden dann die zur Überwachung benötigten Hilfsmittel dargestellt.

Im dritten Teil werden die Erfahrungen bei der Implementierung dargestellt. Aus Termingründen sollte zunächst versucht werden, COTS-Software auf MS-DOS-Basis zu verwenden. Um den Rechner nicht ausschließlich mit der Backofenüberwachung zu beschäftigen, wurde aber auf ein LINUX-System mit PEARL umgestellt.

Einleitung

Während in einem Beitrag zu einer früheren PEARL-Tagung [1] am Beispiel eigener Erfahrungen vor dem unreflektierten Einsatz von Elektronik im Haushalt gewarnt werden mußte und auf die daraus möglicherweise resultierenden Effekte hingewiesen wurde, soll hier nun „im Gegensatz" dazu zunächst gezeigt werden, wie mit Hilfe moderner Geräte und allgemein erschwinglicher Technik verlorengegangene Erfahrungen gesammelt werden können. Neben diesem vordergründigen Anlaß, der mehr volkskundlicher oder handwerklicher Natur ist, soll aber auch dargestellt werden, mit welchen Schwierigkeiten und Problemen im Bereich der PC-Nutzung in Hard- und Software selbst bei kleinen Projekten zu rechnen ist.

Beschreibung des Prozesses

Ausgehend von den - inzwischen gelösten - Problemen mit einem handelsüblichen Backofen, wie sie in [1] dargestellt wurden, wurde im Rahmen von Erweiterungsmaßnahmen beschlossen, einen „Holzbackofen" zu errichten und zu betreiben. Der Name Holzbackofen besagt nicht, daß der Backofen aus Holz gebaut ist, sondern daß er mit einem Holzfeuer im Backraum beheizt wird. Die Einzelheiten einer solchen Konstruktion sind in [2] dargestellt.

Der eigentliche Betrieb eines solchen Backofens besteht aus zwei unmittelbar aufeinanderfolgenden Phasen, die jedoch zeitlich völlig voneinander getrennt sind, der Aufheizphase und der eigentlichen Backphase, die bezogen auf den Backofen, besser Abkühlphase genannt werden sollte.

In einem üblichen Elektrobackofen kann zwar auch zunächst aufgeheizt werden. Bei der modernen Technik kann aber auch nach dem Einschießen des Backguts der Abkühl-Vorgang jederzeit durch Nachheizen unterbrochen und so die Temperatur gehalten oder sogar wieder erhöht werden. Beispielhaft soll erwähnt werden, daß beim Backen von Vollkornbrot zunächst auf 240 °C aufgeheizt wird, nach Erreichen dieser Temperatur wird der Teig eingeschossen und nach einer halben Stunde wird die Temperatur auf 190 °C reduziert und das Brot eine weitere halbe Stunde fertig gebacken.

Der grundlegende Unterschied zwischen einem Elektrobackofen und dem hier betrachteten Holzbackofen besteht nun darin, daß der gesamte Innenraum zunächst zum Feuern und Aufheizen des Ofens und anschließend (während der Ofen abkühlt) zum Backen genutzt wird. Der Ofen wird also zunächst angeheizt und das Holzfeuer solange betrieben, bis der Ofen so weit aufgeheizt ist, daß die gespeicherte Wärme ausreicht, während der Abkühlphase genügend Wärme abzugeben, um den eingeschossenen Teig zu backen. Am Ende der Heizphase wird das noch vorhandene Feuer und die angefallene Asche aus dem Innenraum des Ofens entfernt und das Backgut eingeschossen. Der Innenraum des Ofens dient also zunächst als Feuerstelle und anschließend als Backstelle. Aus diesem Ablauf folgt, daß es zwar möglich ist, durch späteres Einschießen, Öffnen der Tür oder des Kaminabzugs die Temperatur zu senken, daß es aber praktisch unmöglich ist, die Temperatur während des eigentlichen Backvorgangs zu erhöhen. Es muß also sichergestellt werden, daß die Heizphase erst beendet wird, wenn davon ausgegangen werden kann, daß während der Abkühlphase genügend Wärme zum Backen vorhanden ist.

Zielsetzung der Überwachung

Das Ziel der Überwachung ist die Bestimmung des „optimalen" Zeitpunktes, zu dem die Heizphase beendet und die Backphase begonnen werden kann. In der Vergangenheit waren, - zum Beispiel in alten Backhäusern - Erfahrungen darüber vorhanden, woran erkannt werden konnte, wann die Aufheizphase beendet werden konnte. So wird z. B. in [3] berichtet: „Schließlich muß der Ofen gleichmäßig aufgeheizt werden. Die Hitze beträgt mindestens 270 - 300 Grad. Die Innenwände des Ofens sind nun mehlig weiß, ein sicheres Zeichen, daß die Backtemperatur erreicht ist." Solche Erfahrungen sind jedoch nicht ohne weiteres auf einen heute neugebauten Ofen zu übertragen, da der neue Ofen ziemlich sicher aus anderem Material hergestellt ist und damit weder sichergestellt ist, daß sich die temperaturabhängige Verfärbung in ähnlicher Weise einstellt, noch daß die Abkühlphase bei einer anderen Isolierung zeitlich ähnlich verläuft. Über den Verlauf der Abkühlphase, die für den Erfolg des Backvorgangs entscheidend ist, findet man auch nur kaum quantitative Aussagen. In [4] wird der Abkühlvorgang beschrieben: „Die Anfangstemperatur liegt bei etwa 300 °C. Nach dem Einschießen sinkt die Temperatur zunächst rasch ab, fällt dann aber sehr langsam weiter. Noch zwei bis drei Tage nach dem Backen ist der Ofen deutlich warm."
Diese Kenntnisse über den zeitlichen Temperaturverlauf sowohl in der Aufheiz- wie in der Abkühlphase wurden mit einem im Innern des Ofens installierte Temperaturfühlers gewonnen, der mit einem handelsüblichen Vielfachmeßgerät außerhalb des Ofens verbunden wurde. Um den zeitlichen Temperaturverlauf

festzuhalten, wurde ein Meßgerät mit V.24-Schnittstelle ausgewählt, das von einem PC regelmäßig abgefragt werden kann. Die so erhaltenen Temperaturverläufe werden dann dargestellt, mit einem Zeitstempel in einer Datei aufgezeichnet und anschließend ausgewertet.

Erfahrungen mit verschiedenen Lösungsansätzen

Das Problem der Temperaturüberwachung wurde zunächst ganz naiv mit der Beschaffung eines kompletten Pakets, bestehend aus Vielfachmeßgerät mit V.24-Schnittstelle, Temperaturfühler, Koppelkabel zum PC und zugehöriger Software angegangen. Leider stellte sich jedoch bei der Sichtung der mitgelieferten Software schnell heraus, daß diese laut Spezifikation nur unter Windows95 lauffähig ist. Obwohl dies nicht das vorgesehene Betriebssystem war, ließ sich die Software wegen fehlender Bibliotheken auch unter diesem Betriebssystem nicht betreiben. Da ohnehin vorgesehen war, die Software projektspezifisch zu entwickeln, schien dies kein großes Problem zu sein. Bald stellte sich jedoch heraus, daß es keine Spezifikation der V.24-Schnittstelle des Meßgeräts und des dort notwendigen Protokolls gab. Da der Lieferant auch nicht bereit war, diese Information offenzulegen, mußte ein anderes Meßgerät beschafft werden. Auch hier wurde Software mitgeliefert, die sich in ersten Tests unter MS-DOS problemlos installieren und betreiben ließ. Der Versuch, das Meßgerät vom PC aus mit einem einfachen Programm in „C" zu betreiben, scheiterte jedoch daran, daß die Kommunikation in einer Betriebsart erfolgt, die vom BIOS eines Standard-PCs nicht unterstützt wird. Nach längeren Untersuchungen stellte sich heraus, daß entweder der Kommunikationsport direkt, das heißt nicht über BIOS, betrieben werden muß oder daß das Verbindungskabel umgebaut werden mußte. Für die ersten Temperaturaufzeichnungen am Ofen konnte jedoch auch die mitgelieferte, prinzipiell lauffähige Software nicht verwendet werden, da diese nur einen Temperatur-Meßbereich bis 200 °C zuließ. Auf Grund eines in Quellform publizierten einfachen BASIC-Programms konnte jedoch sehr schnell mit Aufzeichnungen der Aufheiz- und Backphase begonnen werden. Damit konnte die praktische Arbeit am Backofen von der erfahrungsgemäß langwierigen Software-Entwicklung oder vielleicht sogar „Forschung?" entkoppelt werden. Es war allerdings nach wie vor unklar, wie BASIC die Parameter der OPEN-Anweisung

```
OPEN  „COM1: 600,N,7,2,RS,CS,DS,CD" AS #2
```

wie sie in der Dokumentation des Meßgeräts [5] angegeben war, interpretiert und an den Controller weitergibt. Der Nachteil dieser „Lösung" war jedoch die Tatsache, daß der verwendete Rechner während der gesamten Aufheiz- und Backphase - möglicherweise sogar während des Anfangs der Auskühlphase blockiert war.

Um Abhilfe zu schaffen und Erfahrungen mit dem System zu bekommen wurde LINUX installiert und das LINUX PEARL-System über das Netz vom Server der Universität der Bundeswehr in Neubiberg geholt. Diese beiden Installationen verliefen rasch und problemlos. Schon bei der ersten Sichtung des PEARL-Systems stellte sich heraus, daß das mitgelieferte Demonstrationsprogramm SERIAL.PRL als Vorlage für die eigentliche „Anwendung" sehr gut geeignet war.

Offen blieb und bleibt bisher immer noch die bereits oben gestellte Frage nach der richtigen Parametrierung der seriellen Schnittstelle. Auch die recht ausführliche on-line Dokumentation von LINUX [6] half hier nicht weiter. Da hier über längere Zeit kein Fortschritt im Projekt zu erzielen war, wurde erwogen, einen V.24-Schnittstellen-Analysator einzusetzen und so die konkrete Parametrierung des seriellen Controllers experimentell zu ermitteln, was jedoch daran scheiterte, daß ein solcher samt fachkundigem Personal nicht kurzfristig verfügbar war. Kurz bevor das ganze Vorhaben an fehlender Schnittstellen-Dokumentation über das Zusammenspiel von Hardware und Software zu scheitern drohte, wurde ein Teil der Hardware drastisch vereinfacht, indem in dem mitgelieferten Koppelkabel die nicht unbedingt nötigen Steuer- und Meldeleitungen unterbrochen wurden und im PC-seitigen Stecker zwei Leitungspaare gebrückt wurden. Damit wurde dem PC zwar nur vorgespielt, das Meßgerät würde immer Daten liefern. Da für den Datenempfang an der V.24-Schnittstelle jedoch auf der Datenleitung das Startbit, das heißt mindestens ein Bitwechsel, erkannt werden muß, kann ausgeschlossen werden, daß statische Zustände auf der Leitung als Daten interpretiert werden.

Vorläufige Ergebnisse und Folgerungen

Die in diesem kleinen Projekt gemachten Erfahrungen zeigen, daß es ohne großen Aufwand an Hard- und/oder Software-Investitionen einfach möglich ist, mit Hilfe von LINUX und dem LINUX-PEARL-System externe Geräte anzusteuern und die von ihnen gelieferten Ergebnisse per Programm auszuwerten. Erfreulicherweise gab es weder mit dem LINUX-System noch mit dem PEARL-System irgendwelche Probleme.

Es zeigte sich aber auch, daß der Einsatz von COTS-Produkten zwar leicht möglich ist, daß aber leider sehr oft die Einsatzbedingungen solcher Produkte nicht so genau spezifiziert sind, daß leicht erkennbar ist, ob ein solches Produkt für die konkrete Einsatzumgebung geeignet ist. Aus dieser Feststellung folgt aber auch, daß solche Produkte häufig an die jeweiligen Einsatzbedingungen angepaßt werden müssen (z.B. Temperaturbereich oder Kommunikationsparameter). Solche Anpassungen sind aber unkalkulierbar, da häufig die dazu nötigen Informationen über das Produkt und seinen strukturellen Aufbau nicht verfügbar sind oder vom Lieferanten bewußt gar nicht verfügbar gemacht werden. Es muß deshalb betont werden, daß der Einsatz von solchen Produkten außerhalb oder auch nur am Rande des implizit vom Hersteller gedachten und leider oft nicht publizierten Einsatzspektrums mit Vorsicht zu sehen ist. Viel nützlicher und wichtiger - für den Anwender - ist die Offenlegung solcher Schnittstellen und Betriebsarten, beispielsweise durch Veröffentlichung der Quell-Programme.

Als entscheidendes Ergebnis bleibt festzuhalten, daß bei der Auswahl und Beschaffung von Geräten, die mit anderen Geräten (z.B. einem Rechner) verbunden werden sollen, die Schnittstellen einschließlich der Hardware-Ebene dokumentiert und offengelegt sein müssen. Es reicht nicht aus, wenn ein Programm (meist nur in Binärform) mitgeliefert wird, das diese Verbindung herstellt, da im Augenblick der Beschaffung oft nicht beurteilt werden kann, ob dieses Programm unter den späteren Einsatzbedingungen auch unverändert eingesetzt werden kann und eine Modifikation des Programms Schwierigkeiten bereiten könnte.

Selbstkritisch muß abschließend zugegeben werden , daß auch ein so kleines Software-Projekt, wie das hier beschriebene, sich von größeren Projekten nicht unterscheidet, da auch hier der Aufwand bis zur Fertigstellung größer ist, als geplant, der Fertigstellungstermin später liegt als geplant und ohne massiven äußeren Termindruck kein einsatzfähiges Produkt entsteht.

Literatur

[1] Mangold, K.: Zu viel Elektronik verdirbt den Brei - Embedded Systems aus Nutzersicht, in Holleczek, P.: PEARL96 - Workshop über Realzeitsysteme, Springer, Berlin, Heidelberg,..., 1996

[2]. Kröber, E: Selbstbau eines mobilen Backofen, Gaienhofener Werkbriefe, 1984

[3] Ruoß, S.: Brödla, Blatz und Baurabrot, Ruoß-Verlag, Ulm, 1995, ISBM: 3-924292-18-3, Seite 19

[4] Lücke, S. : Brot selbst gebacken, Ludwig Verlag, Ohne Orts- und Jahresangabe, ISBN 3-7787-3642-6, Seite 41

[5] Digitalmultimeter VOLTCRAFT ME-32, Conrad, Hirschau, 1998

[6] LINUX On-Line Dokumentation: man stty

Statistik in der Automatisierungstechnik – ein neuer Ansatz zur Qualitätssicherung

Erwin Haese[1] und Dr. Birgit Scherff[2]

[1] FernUniversität Gesamthochschule in Hagen (Erwin.Haese@fernuni-hagen.de)
[2] ATR Industrie-Elektronik GmbH&Co. KG (Birgit.Scherff@fernuni-hagen.de)

1 Einleitung

Qualitätssicherungsmaßnahmen nehmen in modernen Unternehmen immer mehr Einfluß auf die eigentliche Produktion. Nicht nur die Überwachung der Qualität am Endprodukt ist gefordert, sondern schon die Abschätzung der entstehenden Qualität während des Produktionsprozesses ist notwendig, da nur so hohe Ausschußraten und damit verbundene Kosten vermieden werden können, ebenso wie „qualitativ zu gut" produzierte Teile mit großen Sicherheitsreserven [12].

Vor diesem Hintergrund zeigt dieser Beitrag ein Verfahren auf, mit dessen Hilfe eine automatische *Online-Qualitätsregelung* für komplexe Produktionssysteme realisiert werden kann. Notwendig ist dies in den Fällen, in denen der Produktionsprozeß unbekanntes Verhalten bezüglich der Qualität besitzt und mit klassischer Regelungstechnik nicht qualitäts- und damit auch nicht kostenoptimal ausgelegt werden kann.

Beispiele hierfür sind die Herstellung von Span- und Faserplatten ebenso wie das Innenhochdruckumformen, um nur zwei zu nennen.

2 Aktueller Situation der Qualitätsbestimmung und -regelung

Unter Qualität sollen im folgenden Ausprägungen von Merkmalen gefertigter Produkte verstanden werden, die einer geforderten Spezifikation genügen müssen wie z. B. Maßhaltigkeit, Festigkeit usw. (vgl. [2]).

Ein herkömmlicher Produktionsprozeß mit Qualitätsbestimmung ist in Bild 1 dargestellt, die Produktionssollwerte werden nicht automatisch den erforderlichen Verhältnissen angepaßt.

Für den Produktionsprozeß wird angenommen, daß er prozeßfähig ist, d. h. er ist prinzipiell in der Lage, Teile in geforderter Qualität zu fertigen.

2.1 Aktuelle Verfahrensweise zur Qualitätsbestimmung

Die Qualitätsbestimmung von Produkten läßt sich in drei Bereiche unterteilen:

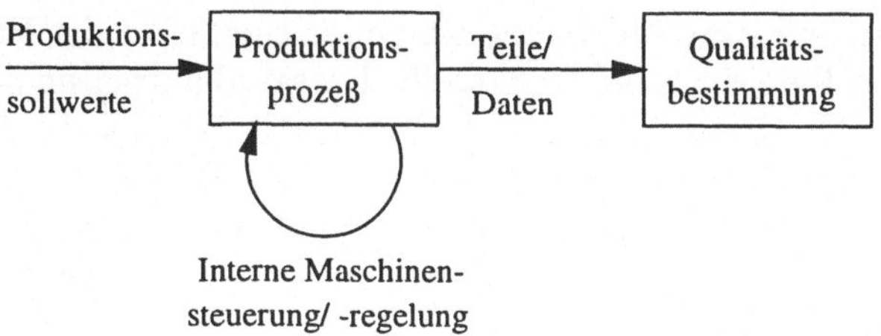

Abb. 1. Produktionsprozeß mit Qualitätsbestimmung (Prinzipskizze)

1. Bekannte Zusammenhänge (mathematische Gleichungen)

   Sofern eine direkte mathematische Modellierung des Prozesses bezüglich der Qualität möglich und bekannt ist, wird diese in der internen Maschinensteuerung /-regelung implementiert sein. Der Produktionsprozeß kann schon kosten- und qualitätsoptimal ablaufen.

2. Messungen am fertigen Produkt

   Messungen am fertigen Produkt und deren Auswertung nehmen den Hauptteil der Qualitätsbestimmung ein. Das Prinzip der Qualitätsregelkarten nach Sheward [11], welches auf einfachen statistischen Verfahren beruht, liefert für einzelne Qualitätsmerkmale (wie z. B. Maßhaltigkeit, Festigkeit usw.) Aussagen über Mittelwert und Standardabweichung.

   Auch neuere, mit aufwendigeren statistischen Methoden arbeitende Verfahren, wie z. B. von Höppner und Wolff [6], Diener [3] oder Schöne [9] vorgeschlagen, basieren auf Messungen am fertigen Produkt.

Folgende Probleme existieren:

Je nach Aufwand der Messungen liegt zwischen der Produktion und der Qualitätsbestimmung eine erhebliche Zeitspanne, während der keine Aussage über die Güte der aktuellen Produktion getroffen werden kann (Bild 2).

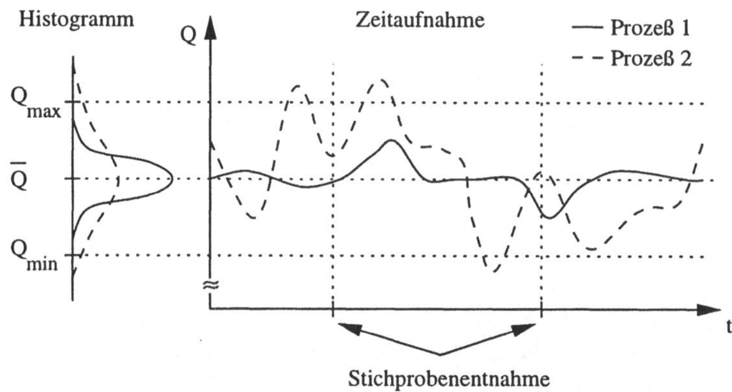

Abb. 2. Stichprobenentnahme bei einem Beispielprozeß

Dies ist besonders dann ungünstig, wenn der Durchsatz der Produktionsanlage hoch, die Teile einen hohen Komplexitätsgrad aufweisen oder weiterverarbeitet werden müssen.

Eine vollständige Erfassung der Qualität, d. h. 100%-Messungen an fertigen Teilen sind meistens ausgeschlossen, da sie nur durch enormen Kosten- und Zeitaufwand zu realisieren oder unmöglich (z. B. bei zerstörenden Prüfungen) sind.

Deshalb muß man sich auf eine Stichprobe verlassen (Bild 2).

Während man bei bekannter und hinreichend kleiner Streuung der Prozeßqualität (vgl. Bild 2 – Prozeß 1) mit einer solchen Stichprobenanalyse eine hinreichend genaue Dokumentation der Qualität durchführen kann, ergibt sich für den angegebenen Prozeß 2 ein ganz anderes Bild.

In diesem Fall reicht die Stichprobenanalyse zur Qualitätsdokumentation nicht aus, da die Qualität zwischen der Stichprobenentnahme stark schwankt (große Standardabweichung) – man kann nicht voraussetzen, daß der Prozeß zwischen der Stichprobenentnahme mit relativ konstanter Qualität arbeitet. Dies macht zusätzliche Maßnahmen zur Ermittlung der aktuell produzierten Teilequalität erforderlich (Online-Qualitätsschätzung).

Vor allem die in der Einleitung angeführten Prozesse zeigen bezüglich der Qualität stark schwankendes Verhalten.

Ebenso ist eine automatische Regelung der Qualität mit diesem Verfahren nicht möglich, da aus den ermittelten Stichprobenmeßwerten an den Teilen nur mit Schwierigkeiten und hohem technologischen Wissen auf die Ursachen einer Qualitätsschwankung geschlossen werden kann, sofern man aus den Stichproben überhaupt erkennt, daß eine starke Qualitätsschwankung auftritt.

3. Online-Qualitätsschätzung

Ausgehend von einem ursächlichen Zusammenhang zwischen Produktionsdaten (z. B. Druck, Temperatur, Weg, Masse usw.) und der entstehenden Qualität wird die Produktqualität aus den *an der Produktionsanlage aufgenommenen*, d. h. online in Echtzeit verfügbaren Meßwerten (Produktionsistwerte) geschätzt.

Um zum Ziel einer Online-Qualitätsregelung zu gelangen, bieten sich folgende Verfahren zur Qualitätsschätzung an:

– Statistik und
– Neuronale Netze.

Fuzzy-Logic scheidet hier aus, da sie zwar zur Qualitäts*regelung*, jedoch nicht zur Qualitätsschätzung eingesetzt werden kann.

Mittels neuronalen Netzen kann eine Qualitätsschätzung durchgeführt werden, allerdings erweist sich die Realisierung einer gut/schlecht-Aussage als schwierig. Eine weitere Schwierigkeit bei neuronalen Netzen ist die benötigte Menge an Lerndaten, die im Vergleich zur statistischen Modellierung um ca. den Faktor 10 höher liegt.

Problematisch bei allen genannten Verfahren erweist sich die enorme Menge an Online-Produktionsdaten, die mathematisch verarbeitet werden müssen.

Eine Vorauswahl von relevanten Daten durch einen Technologen ist somit notwendig. Diese wird nicht immer optimal sein.

Statistische Verfahren bieten gegenüber Fuzzy-Logic und neuronalen Netzen mehrere Vorteile:

- Online-Qualitätsvorhersage möglich,
- Anwendbarkeit auf stochastische Prozesse,
- Qualitätsgrenzen (gut/schlecht) direkt implementierbar,
- Ergebnisse leicht interpretierbar,
- Mathematischer Aufwand begrenzt und
- Rückrechnung auf Produktionssollwerte möglich.

Gerade die Möglichkeit, durch die statistische Modellbildung auf die, zur Erreichung der gewünschten Qualität benötigten Produktionssollwerte zurückrechnen zu können, ist ein entscheidender Faktor zur Realisierung eines geschlossenen Qualitätsregelkreises. Der Produktionsprozeß benötigt ja genau diese Produktionssollwerte als Eingangsgrößen, die zur weiteren Herstellung von Teilen verwendet werden.

Statistische Online-Qualitätsschätzung eignet sich daher, wie gezeigt werden wird, für eine Online-Qualitätsregelung mit gleichzeitiger Protokollierung der geschätzten Qualitätsdaten. Für die der Einleitung genannten Prozesse existiert eine solche Online-Qualitätsregelung aufgrund der aufgezeigten Problematik (Produktionssollwertbestimmung) bisher nicht.

2.2 Einige Ausführungen zur statistischen Online-Qualitätsbestimmung

Zur Erstellung eines Modells für die Online-Qualitätsschätzung sind eine Anzahl i produzierter Teile mit zugehörigen, im Labor ermittelten Qualitätsdaten (Q_i), sowie die zugehörigen, zeitrichtig zugeordneten Produktionsdaten (P_i) notwendig.

Ausgehend von der vom Technologen reduzierten Menge der Produktionsparameter wird mittels statistischer Methoden ein lineares Modell zur Schätzung der Qualität errechnet. Nichtlineare (z. B. quadratische oder logarithmische) Einflüsse von Produktionsparametern auf die Qualität lassen sich durch Transformationen auf den linearen Fall berücksichtigen [5].

Für einfache Prozesse mit unabhängigen Produktionsparametern und ohne Interdependenzen läßt sich die lineare multivariate Regressionsanalyse anwenden [5].

Man erhält ein Schätzmodell der Form

$$Q_i = \beta P_i + u \quad ,$$

wobei Q_i und P_i die Qualitäts- bzw. Produktionsdaten für das aktuelle Teil darstellen. Die ermittelte Modellmatrix β stellt den Zusammenhang zwischen den Werten her, u drückt den Fehler bei der Schätzung aus.

Sofern das obige einfache Regressionsmodell nicht einsetzbar ist (z. B. bei stochastischen Prozessen und Interdependenzen) sind andere Verfahren notwendig, die vor allem auch Meßfehler in den Produktionsdaten berücksichtigen. Zu nennen sind hier die 3SLS-Methode (3-stufige kleinste Quadrate Methode) [10] und das multivariate gemischte lineare Modell mit zufälligen Effekten [5].

Aus beiden, mit der Regressionsanalyse verwandten Verfahren erhält man – ebenso wie aus der klassischen Regressionsanalyse – ein lineares Gleichungssystem zur Vorhersage der Qualitätsmerkmale aus den Produktionsdaten.

Für das ermittelte Modell lassen sich sowohl Konfidenzintervalle als auch ein Bestimmtheitsmaß der Regression angeben, die die Qualität des Modells beschreiben.

Zur Modellanpassung im laufenden online-qualitätsgeschätzten Betrieb werden aus dem Prozeß zufällig Teile entnommen und einer herkömmlichen Qualitätsanalyse im Labor zugeführt. Mit diesen neu ermittelten Qualitätsdaten und den zugehörgen Produktionsdaten läßt sich ein auf den aktuellen Betriebszustand angepaßtes Schätzmodell errechnen und die geschätzte Online-Qualität validieren [4].

Diese Methoden werden bereits mit Erfolg in der industriellen Praxis angewandt [1, 8].

3 Neuer Lösungsansatz

Ausgehend von der Struktur in Bild 1 liegt die Schließung zu einem Regelkreis nahe. Die geschätzten Qualitätsistwerte liegen numerisch online vor (Qualitätsbestimmung) und können von einem Qualitätsregler den Qualitätssollwerten angeglichen werden.

Bild 3 zeigt ein Prinzipbild des Regelkreises mit qualitativ benannten Einflußfaktoren, die zur sicheren Qualitätsregelung benötigt werden, eingeteilt in Störgrößen und benötigte Daten. Die jeweiligen Einflußfaktoren sind den Elementen Qualitätsregler, Produktionsprozeß und Qualitätsbestimmung zugeordnet.

Im folgenden werden die theoretischen Aspekte zur Realisation des Qualitätsreglers beschrieben, ebenso wie eine Erleichterung der Modellerstellung für die Qualitätsschätzung.

3.1 Erleichterungen bei der Modellbestimmung zur Qualitätsschätzung

In Punkt 2.2 wurde beschrieben, wie aus den Produktionsdaten ein Modell zur Qualitätsschätzung ermittelt werden kann.

Problemstellung: Die Anzahl der Produktionsparameter zur Ermittlung eines Qualitätsschätzmodells ist für komplexe Produktionsprozesse sehr groß. Die Menge der Produktionsdaten muß daher geeignet reduziert werden um

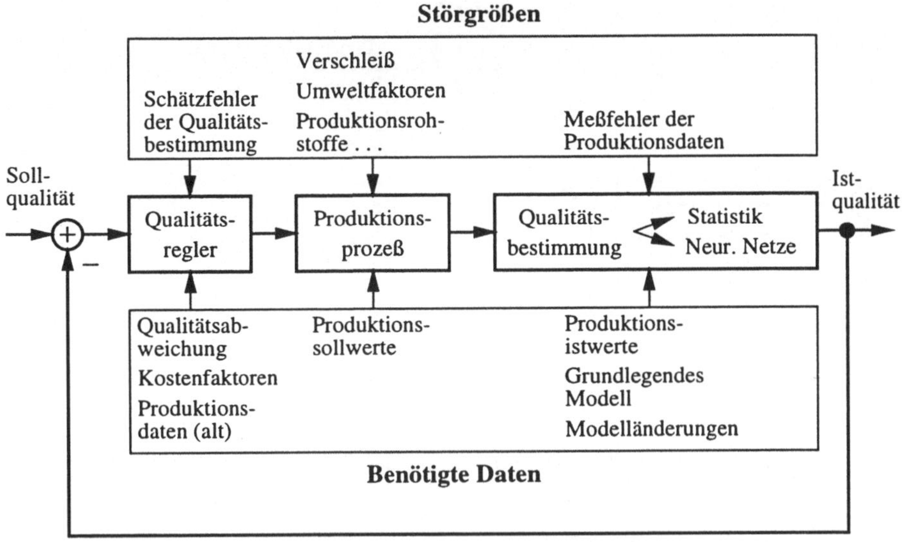

Störgrößen

Abb. 3. Einflußfaktoren auf den Regelkreis (Prinzipskizze)

– den mathematischen Aufwand in Grenzen zu halten und
– die Überschaubarkeit des Problems zu gewährleisten.

Lösungsansatz: Um den Technologen bei der Auswahl der notwendigen Produktionsdaten zu unterstützen, wird folgendes Verfahren durchgeführt:

Die Qualitätsdaten werden mit den Produktionsdaten einer *univariaten* Korrelationsanalyse unterzogen.

Aus den ermittelten geschätzten Korrelationskoeffizienten $r_{Q_i P_j}$ läßt sich automatisch eine Auswahl besonders relevanter Produktionsparameter ermitteln ($r_{Q_i P_j}$ signifikant verschieden von 0). Ebenso liefert die Korrelationsanalyse Hinweise auf gekoppelte Produktions- bzw. Qualitätsparameter, die im statistischen Modell besonders berücksichtigt werden müssen (Interdependenzen).

Vorteile: Dem Technologen wird bei der Auswahl der relevanten Produktionsparameter ein Hilfsmittel angeboten, welches eine Vorauswahl der Produktionsparameter trifft. Ebenso werden evtl. noch nicht bekannte oder berücksichtigte Zusammenhänge zwischen einzelnen Qualitätsmerkmalen bzw. Produktionsdaten aufgezeigt.

3.2 Einbindung des Produktionsprozesses in einen geschlossenen Regelkreis

Zur weiteren theoretischen Betrachtung des Qualitätsregelkreises wird der in Bild 3 gezeigte Regelkreis formalisiert. Die Darstellung in Bild 4 zeigt den Qualitätsregelkreis mit den zugehörigen Ein- und Ausgangsgrößen.

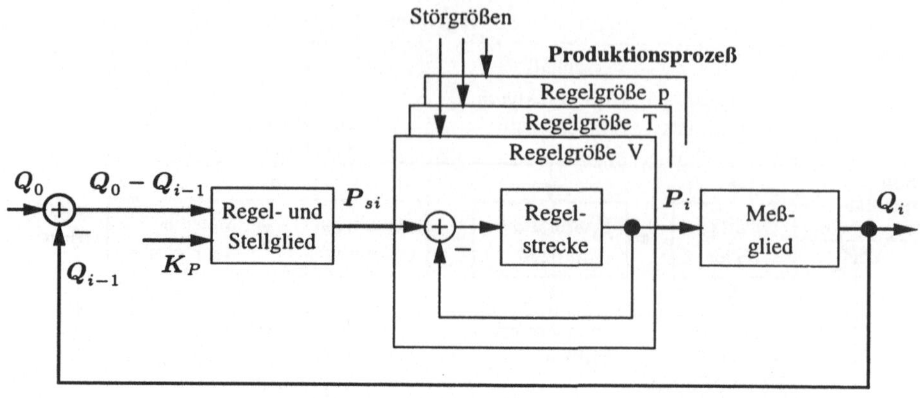

Abb. 4. Formalisierte Darstellung des Qualitätsregelkreises

Dabei bedeuten Q_i Qualitätsgrößen und P_i Produktionswerte, jeweils für das aktuelle (i-te) Teil. Die jeweiligen Spaltenvektoren $Q_i = [Q_{i_1}, Q_{i_2}, \ldots, Q_{i_n}]^T$ und $P_i = [P_{i_1}, P_{i_2}, \ldots, P_{i_m}]^T$ sind aus den einzelnen Qualitätsmerkmalen des jeweils betrachteten Teils bzw. den zugehörigen Produktionsistwerten zusammengesetzt. In dem in Bild 4 dargestellten Fall wäre also $m = 3$, $P_{i_1} = V$, $P_{i_2} = T$ und $P_{i_3} = p$. Sollwerte sind durch einen weiteren Index s gekennzeichnet. K_P enthält die Kostenfaktoren für die einzelnen Produktionsdaten.

Das Regel- und Stellglied berechnet aus der Regelabweichung $Q_0 - Q_{i-1}$ und K_P die notwendigen neuen Produktionssollwerte $P_{si} = f(Q_0 - Q_{i-1}, K_P)$. Das Meßglied bestimmt aus den Produktionsistwerten P_i die aktuelle Qualität $Q_i = f(P_i)$.

Ausgehend vom Schätzmodell der Form $Q_i = \beta P_i + u$, ist es möglich, auf die notwendige Änderung der Produktionssollwerte anhand der Qualitätsistwerte zurückzurechnen, es entsteht eine Mehrgrößenregelung [7, 13].

$$\Delta \hat{Q}_{i_1} = \beta_{11} \Delta P_{i_1} + \beta_{12} \Delta P_{i_2} + \ldots + \beta_{1m} \Delta P_{i_m}$$
$$\Delta \hat{Q}_{i_2} = \beta_{21} \Delta P_{i_1} + \beta_{22} \Delta P_{i_2} + \ldots + \beta_{2m} \Delta P_{i_m}$$
$$\ldots\ldots\ldots\ldots\ldots\ldots\ldots\ldots\ldots\ldots\ldots\ldots\ldots\ldots$$
$$\Delta \hat{Q}_{i_n} = \beta_{n1} \Delta P_{i_1} + \beta_{n2} \Delta P_{i_2} + \ldots + \beta_{nm} \Delta P_{i_m}$$

Problemstellung: Da es sich bei dem Schätzmodell im allgemeinen Fall um ein in den Produktionsdaten überbestimmtes lineares Gleichungssystem ($m > n$) handelt (man schätzt n einzelne Qualitätsmerkmale eines Teils aus m zugehörigen Produktionsdaten), erhält man ein nicht eindeutig lösbares Gleichungssystem mit $m - n$ Freiheitsgraden.

Lösungsansatz: Um zu einem eindeutig lösbaren Gleichungssystem zu gelangen, muß man die Anzahl der Freiheitsgrade reduzieren. Dies geschieht entweder durch Auswahl von genau n verschiedenen Produktionsparametern aus dem Gleichungssystem, durch Erweiterung des Gleichungssystems um weitere $m - n$ Gleichungen oder durch eine Kombination aus beiden Möglichkeiten.

a) Reduktion des Gleichungssystems auf n Produktionsparameter
   Im einfachsten Fall benutzt man zur Ausregelung der Qualität diejenigen n Produktionsparameter, welche den größten Einflußfaktor β_{jk} ($j = 1 \ldots n$, $k = 1 \ldots m$) für das jeweilige Qualitätsmerkmal j besitzen.
   Somit ermittelt man nur Änderungen an signifikanten Produktionsparametern.
   Man erhält somit ein lineares Gleichungssystem mit n unbekannten Produktionsdatenänderungen und n bekannten Qualitätsänderungen, welches eindeutig lösbar ist.

b) Erweiterung des Gleichungssystems
   Die Freiheitsgrade des Schätz-Gleichungssystems können durch vorgegebene Randbedingungen reduziert werden. Dies sind z. B.

   - Vorgegebene Verknüpfung einzelner Produktionsparameter,
   - Bereichsgrenzen für Produktionsparameter (Minimal- und Maximalwert) und
   - Berücksichtigung einer Kostenfunktion.

   Unter Berücksichtigung der Kostenfunktion und anderer Randbedingungen führt die Berechnung der Produktionsdatenänderungen auf ein Minimierungsproblem.
   Minimiert werden muß hier die Kostenfunktion, um die Produktion qualitäts- und kostenoptimal ablaufen zu lassen.
   Die mathematische Behandlung des Problems (Lösung eines (Un)Gleidungssystems mit gleichzeitiger Minimierung einer Zielvariablen) kann z. B. mittels itterativer Methoden erfolgen.

Die nun bekannten notwendigen Produktionsdatenänderungen werden dem Produktionsprozeß zugeführt und ein neues Teil gefertigt – der Regelkreis ist geschlossen.

Weitere Forschung: Forschungsbedarf liegt zur Zeit in der Auswahl einer geeigneten Teilmenge der Produktionsistwerte, d. h. der Realisation der Methodik aus Punkt (a), und der Entwicklung eines schnellen Algorithmus zur Lösung des entstehenden (Un)Gleichungssystems aus Punkt (b).

3.3 Vorgehensweise zur Neuimplementation einer Online-Qualitätsregelung

Zur Neuerstellung eines Qualitätsregelkreises sind mehrere Schritte notwendig, die im Folgenden aufgeführt sind. Dabei lassen sich die Schritte 1–3 nur mit Hilfe genauer Prozeß- und Maschinenkenntnisse unter Zuhilfenahme eines Technologen durchführen. Die weiteren Schritte laufen automatisch in Rechnersystemen ab.

1. Zusammenstellung *aller* verfügbarer Maschinendaten.
   Diese werden vom Qualitätsregler in Echtzeit aufgenommen und der Modellbildung zugeführt. Eine Einteilung in zwei Gruppen ist vorzunehmen, eine
   Gruppe enthält die Produktionsparameter, welche von der Qualitätsregelung
   beeinflußt werden können (z. B. Solldruck), die andere Gruppe enthält die
   Produktionsparameter, auf die kein Einfluß genommen werden kann (z. B.
   Grenzwertüberwachungen).
2. Zuordnung von Kostenfaktoren und Grenzen zu den Produktionsparametern
   (min./max.-Werte, Sprungfähigkeit), die bei der Regelung beachtet werden
   müssen.
   Ebenso ist hier die Eingabe weiterer Parameter und Zusammenhänge, die
   dem Technologen bekannt sind (z. B. Fehlergrenzen der Sensorik), möglich.
3. Produktion von Teilen *ohne* Qualitätsregelung
   Zur Erstellung eines ersten Qualitätsmodells sind Teile zu produzieren und
   einer herkömmlichen Qualitätsanalyse zu unterziehen. Die ermittelten Daten
   werden – zugeordnet zu den aufgenommenen Produktionsdaten – eingegeben.
4. Generierung eines ersten Qualitätsschätzmodells
   Aus der in Schritt 3 erfolgten Produktion wird das Schätzmodell errechnet.
   Zu diesem Schätzmodell sind Prognoseintervalle und Fehlergrenzen angeb-
   bar.
5. Transfer des Qualitätsmodells auf den Qualitätsrechner und Produktion von
   Teilen im qualitätsgeregelten Betrieb.
6. Zufällige Auswahl einzelner Teile aus dem laufenden Produktionsbetrieb
   (zeitrichtige Zuordnung zu Produktionsdaten notwendig)
   Zur Modellanpassung werden aus der laufenden, qualitätsgeregelten Produktion von Zeit zu Zeit Teile entnommen, die einer klassischen Qualitätsanalyse
   zugeführt werden.
   Mittels diesen Daten wird die Validierung und die Anpassung des Schätzmo-
   dells durchgeführt (berechnet). Eine kontinuierliche Abschätzung der Pro-
   duktionsqualität wird so möglich, auch bei geänderten Einflußfaktoren auf
   den Produktionsprozeß.

4 Zusammenfassung

Für einen beliebigen, im Qualitätsverhalten noch unbekannten Prozeß wurde
ein Verfahren vorgestellt, welches anhand der aufgenommenen Produktionsistwerte die Qualität vorhersagt und automatisch auf einen vorgegebenen Sollwert
ausregelt.

Die neuen Bestandteile eines solchen Qualitätsregelkreises sind der vorgeschlagene Qualitätsregler und – sofern noch nicht vorhanden – eine Online-
Qualitätsschätzung.

Durch die Online-Qualitätsregelung ist sichergestellt, daß die Produktion

– kostenoptimal läuft,

- kritische oder fehlerhafte Teile sofort aussortiert werden können,
- Sicherheitsreserven bei Produkten (verbunden mit Kosten) reduziert werden und
- der Maschinenführer einen besseren Einblick in den aktuellen Produktionsablauf erhält.

Diese Punkte sind bei herkömmlichen Verfahren nur unzureichend erfüllt. Weiterer Forschungsbedarf besteht in den Punkten der Parameterreduktion im Qualitätsregler und in der Bestimmung der neuen Produktionssollwerte.

Literatur

1. Bernady, G. und Scherff B.: *Prozessmodellierung führt zur Online-Qualitätskontrolle, Prozessoptimierung bei der Span- und Faserplattenproduktion.* In: Holz als Roh- und Werkstoff, European Journal of Wood and Wood Industries, 1997, Springer Verlag, Heidelberg
2. Deutsche Gesellschaft für Qualität (Hg.): *SPC 1 - Statistische Prozeßlenkung,* DGQ-Schrift 16-31, 1990, Beuth Verlag, Berlin
3. Diener K.: *Neue Anwendungen und Konvergenzaussagen für Momentenschätzer zeitabhängiger Zufallsvektoren,* 1995, Univ. Diss., Ulm
4. Eibl, M. et al.: *Qualitätslenkung mit Methoden der Prozeßführung.* In: GMA-Bericht 24 „Meßsignalverarbeitung und Diagnose", 1995, Langen
5. Hartung, J. und B. Elpelt: *Multivariate Statistik,* 1995, Oldenbourg Verlag, München
6. Höppner, J. und H. Wolff: *The Design of a Fuzzy-Shewhart Control Chart,* 1995, Research Report 52 of the Würzburg Research Group on Quality Control, Würzburg
7. Isermann, R.: *Zur Integration von Fehlererkennungs- und Diagnosemethoden,* in: GMA-Bericht 24 „Meßsignalverarbeitung und Diagnose", 1995, Langen
8. Lobenhoffer, H.: *Qualitätsbedingte Regelung eines Spanplattenformstrangs,* 1990, Univ. Diss., Göttingen
9. Schöne, A.: *Neue Entwicklungen der statistischen Prozeßkontrolle bei korrelierten Daten,* 1997, Univ. Diss., Ulm
10. Schönfeld, P: *Methoden der Ökonometrie, Bd. II,* 1971, Verlag Franz Vahlen, München
11. Shewhart, W.: *Economic Control of Quality of Manufacture Product,* 1931, Van Nostrand, Princeton/New Jersey
12. Toutenburg, H. et al.: *Quality Engineering,* 1998, Prentice Hall, München
13. Unbehauen, H.: *Regelungstechnik III,* 1995, Vieweg Verlag, Braunschweig

Tampon-Druckmaschine mit IEC1131
Regelung in Echtzeit mit standardisierten Werkzeugen

Dipl.-Ing.(BA) Wolfgang Doll und Dr.-Ing. Werner Schulze

esd electronic system design gmbh
Vahrenwalder Str. 205
30165 Hannover

wolfgang.doll@esd-electronics.com
werner.schulze@esd-electronics.com

Für die Kombination aus IEC 1131-3, PEARL90 und RTOS-UH soll am Beispiel einer Tampon-Druckmaschine aufgezeigt werden, wie sich mit diesem Softwarebaukasten Echtzeit-Know-how des Zulieferers und Prozess-Know-how des Kunden in schnellaufenden Maschinen elegant und für den Kunden nachvollziehbar kombinieren lassen. Es werden zwei großen Gruppen von Aufgabenstellungen in der Automatisierungspraxis betrachtet. Jede dieser Gruppen kann nach dem Grundsatz der Know-how Aufteilung zwischen Zulieferer und Kunde einem Lösungsansatz zugeordnet werden. Dieser besteht in der Formulierung von SPS-Programmen nach IEC 1131 oder dem Entwurf von sogenannten Echtzeitmodulen, die eine komplexe Aufgabenstellung über eine einfache Bibliothek-Schnittstelle dem SPS Programmierer zur Verfügung stellen.

Know-how Aufteilung zwischen Zulieferer und Kunde

Die Aufgabenstellungen in der Automatisierungstechnik zerfallen in zwei große Gruppen. Die erste Gruppe enthält alle Aufgabenstellungen, die mit speicher-programmierbaren Steuerungen zu realisieren sind. Die zweite Gruppe ist durch Aufgabenstellungen gekennzeichnet, die an die Reaktionszeit oder die Funktionalität der Datenverarbeitung hohe Anforderungen stellt.
Für den ersten Typ werden Programmstrukturen eingesetzt, welche am Anfang eines Berabeitungszyklusses die Prozesseingänge in ein Prozessabbild einlesen. Nachfolgend wird nun das eigentliche Programm bearbeitet, welches die Eingansinformationen und die interne Zustandsinformationen zu Ausgangsinformationen verknüpft. Das so entstandene Prozessabbild der Ausgänge wird nun am Ende des Berabeitungszyklusses zu den realen Prozessausgängen geschrieben. Mit einer solchen Programmstruktur ist die mittlere Reaktionszeit durch die Abhängigkeit von der Zykluszeit und damit von der Programmlänge gekennzeichnet. Trotz dieser Nachteile ist diese Struktur sehr populär, einfach zu verstehen und durch verbreitete, schnell zu erlernende Programmiersprachen (AWL, KOP, FUP) zu beherrschen. Diese Programme simulieren in den meisten Fällen Relais- (KOP) oder Logikschaltungen (FUP).

Im Gegensatz dazu sind für Aufgabenstellungen des zweiten Typs Rechnersysteme und Programmiersprachen (C, PEARL90, ADA,...) gebräuchlich, die eine Informatik Grundbildung und insbesondere Kenntnisse der Echtzeit-Datenverarbeitung voraussetzen. Es kommen Datenstrukturen und Algorithmen zum Einsatz, für die es in den klassischen SPS-Sprachen keine oder nur unzureichende Ausdrucksmittel gibt. Die Synchronisation parallel laufender Prozesse, die Vergabe von Prioritäten und das Behandeln des konkurrierenden Zugriffes auf gemeinsam genutzte Ressourcen sind Themenbereiche, die aber im Bereich der Techniker- und Meisterebene auf sehr wenig Akzeptanz stoßen. Damit trotz dieser Gegensätze kostengünstige, robuste und klar nachvollziehbare Steuerungskonzepte entstehen können, wurde der Ansatz gewählt, beide Welten in einem Rechnersystem zu vereinen. Im Abschnitt Steuerungskonzept wird ein solches System vorgestellt.

Die sogenannte Soft-SPS läuft als eine gewöhnliche Task unter der Kontrolle des Echtzeitbetriebssystems. Der SPS-Zyklus läuft dabei nicht als ein Dauerläufer, der dann auf seiner Prioritätsebene 100% der Rechenzeit

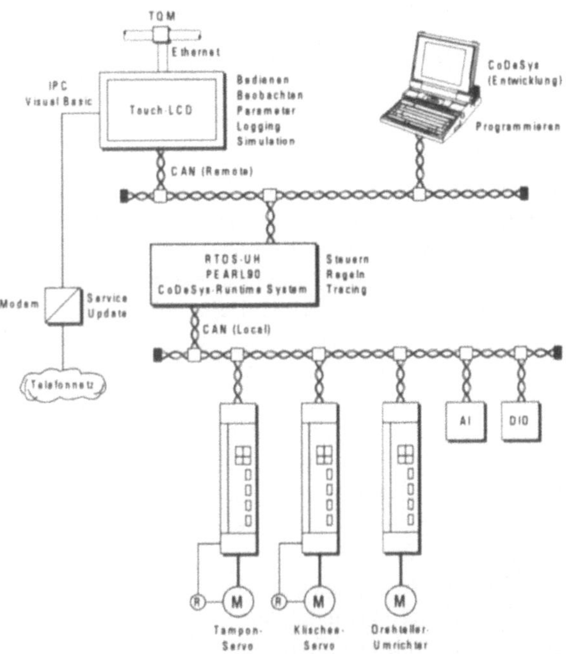

verbrauchen würde. Dadurch würden Aufgaben mit schlechterer Priorität nicht mehr zum Zuge kommen. Vielmehr läßt sich die verbrauchte Rechenzeit in weiten Grenzen aus dem SPS-Programm heraus parametrieren. Mit dieser Methode bleibt das Echtzeitsystem für den gesamten Prioritätsbereich offen für die Anforderungen anderer Systemteile.

Damit ist der Weg frei für Tasks (Echtzeitmodule), die asynchron zum SPS-Zyklus bestimmte Teilaufgaben realisieren und eine lose Kopplung zum Laufzeitsystem der Soft-SPS besitzen. Der Kunde kann diese Funktionalitäten über Funktionsbausteine einer Programmbibliothek in seine Applikation integrieren und mit Parametern versorgen. Alle Komplexitäten, die sich aus der speziellen Aufgabenstellung und der Schnittstelle zur Soft-SPS ergeben, werden sauber durch die Schnittstelle des Funtionsbausteins gekapselt, so daß sie den SPS-Programmierer nicht weiter belasten. In diesem Umfeld ergeben sich zwei Hauptbeweggründe für die Entwicklung von Echtzeitmodulen. Der erste Beweggrund entsteht, wenn die Gesamtaufgabenstellung der Anlage einige spezielle Funktionalitäten erfordert, die sehr strenge Anforderungen an die Reaktionszeit stellen. Als Beispiel ist im folgenden die Regelung des Tampon-Anpress-Druckes bei einer Tampon-Druckmaschine aufgeführt.

Sind in der Gesamtaufgabenstellung aber auch Probleme zu finden, die von der algorithmischen Komplexität her für die klassischen SPS-Sprachen nicht geeignet erscheinen, so ergibt sich der zweite Beweggrund, um auf Echtzeitmodule auszuweichen, die aber dann nicht unbedingt etwas mit der Echtzeitdatenverarbeiung zu tun haben müssen. So kann z.B. das Know-how SPS fremder Fachgruppen (z.B. Berechnungsvorschriften der Mechanischen Konstruktion) gekapselt und dem SPS-Programmierer zur Verfügung gestellt werden. Dieser Fall ist beispielhaft im Abschnitt zur Berechnung der Kurvengetriebe beschrieben.

Das Tampon-Druck Verfahren

Um auf ebenen oder gewölbten Kunstoff- oder Siliziumflächen in großen Stückzahlen sehr gute (meist einfarbige) Druckergebnisse zu erzielen, bietet sich das Tampon-Druck-Verfahren an. In eine Metallplatte (Klisché) werden die Bilder eingeäzt, die mit diesem Verfahren auf das Produkt übertragen werden sollen. Ein Farbtopf ist fest über dem beweglichen Klisché angebracht und wird mit einstellbarer Kraft auf das Klisché gepreßt. Durch die Vorwärtsbewegung des Klischés wird zu Beginn des Druckzyklusses die Farbe vom eingeäzten Bild aufgenommen. Hat das Klisché seine vordere Endlage erreicht, so wird ein aus einem speziellen Kunstoffschaum

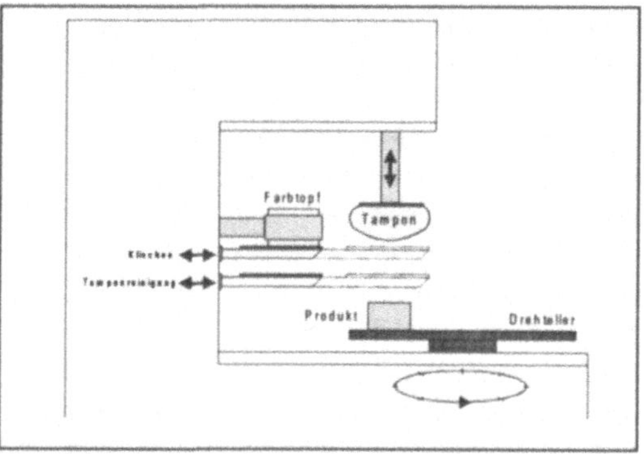

gefertigter Stempel (Tampon) mit definierter Kraft kurz auf das Klischè gepreßt (Farbübernahme-Position). Auf diese Weise übernimmt der Tampon das Bild auf seine Oberfläche. Im folgenden Arbeitsschritt fährt das Klischè in seine hintere Ausgangslage zurück und gibt für den Tampon den Weg zum Produkt frei. Der Tampon stößt nun mit einer definierten Kraft auf das Produkt nieder und übergibt damit die Farbe an das Produkt (Farbübergabe-Position): Das Bild ist übertragen. Während nun der Tampon seiner oberen Endlage zustrebt und sich das Klischè wieder auf den Weg zur vorderen Endlage begibt, taktet der Drehteller das nächste zu bedruckende Produkt in die richtige Position.

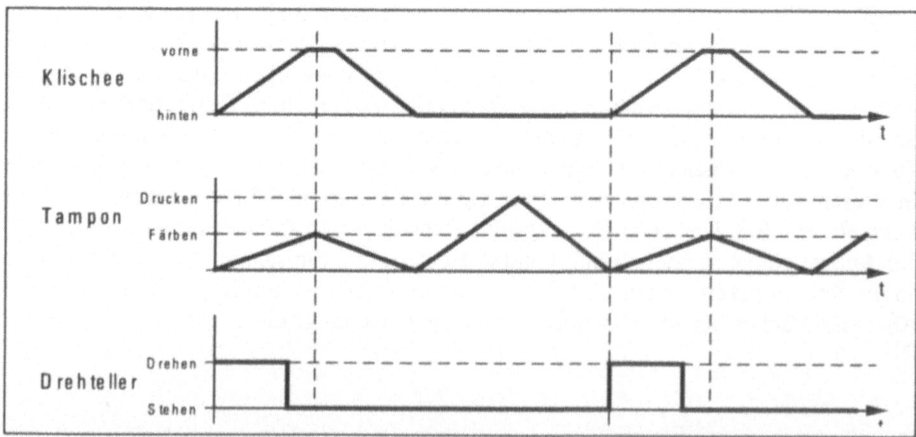

Damit immer einwandfreie Druckergebnisse erzielt werden, kann nach einer einstellbare Anzahl von Druckzyklen eine sogenannte Tamponreinigung aktiviert werden. Dazu fährt statt des Klischès eine mit einem Klebeband beschichtete Einrichtung (Restfarbabholung) unter den Tampon. Dann wird der Schaumstoff-Kopf darauf gedrückt und alle noch verbliebenen Farbreste werden auf das Klebeband abgezogen.

Steuerungskonzept

Herzstück der Anlage ist ein Knotenrechner vom Typ CBM-CAN2. Unter dem Realtime-Multitasking-Betriebsystem RTOS-UH werden im Zusammenspiel von Echtzeitmodulen (in PEARL90) und IEC-1131 Laufzeitumgebung (CoDeSys) über zwei CANbus-Stränge alle Aufgaben der Anlagensteuerung implementiert. Der als LocalCAN (1Mbit/s) bezeichnete CANbus-Strang dient innerhalb der Anlage zur Prozessein-/ausgabe über analoge und digitale CANbus Baugruppen (CBM-AI4, CBM-DIO8). Die Servoregler (Lenze 93xx Kurvenscheibe) werden über diesen Strang parametriert und überwacht. Die Servoregler bilden das bisher rein mechanische Kurvengetriebe durch Softwarestrukturen nach. Der zweite, als

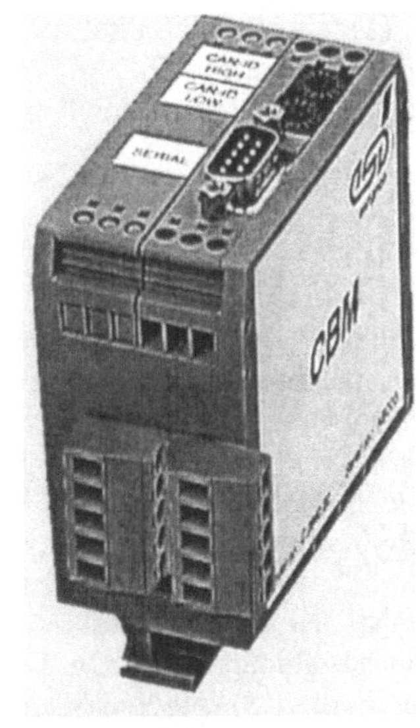

RemoteCAN (500kBit/s) bezeichnete CANbus-Strang dient einerseits der Programmierung des Kontenrechners und andererseits zur Kommunikation mit dem IPC. Wartung und Programmierung erfolgt über „Telnet" und „FTP" ähnliche, für den CANbus adaptierte Dienste.

Das CoDeSys Programmiersystem bedient sich für Aufgaben wie SPS-Programm Download, Ansicht der SPS-Variablen, SingleStep und Variablen-Tracing ebenfalls dieses Übetragungsweges. Der Touch-Panel-PC unter WIN95 stellt über in VisualBasic erstellte Anwendungen die Benutzeroberfläche der Maschine bereit.

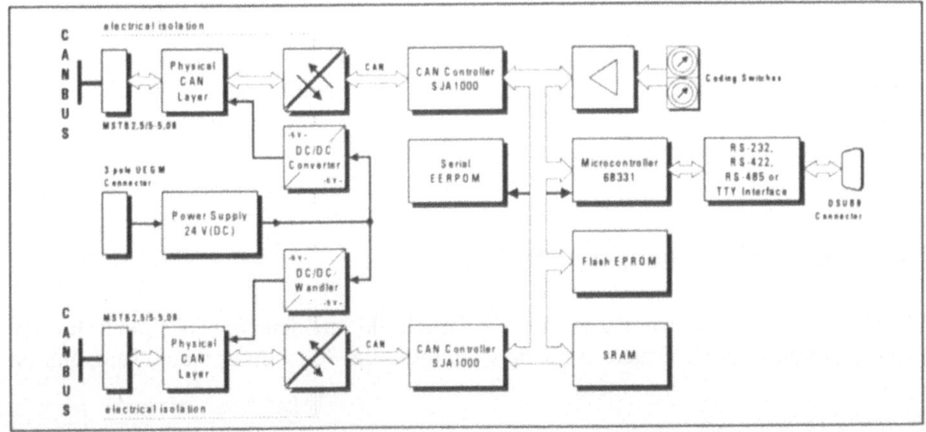

Somit werden außer dem NOT-AUS-Schalter keine weiteren herkömmlichen Schalt- und Anzeigegeräte benötigt.Alle Parameter werden in Abhängigkeit vom gewählten Produkt in Rezepten verwaltet. Bei laufender Produktion lassen sich alle relevanten Zustände und Prozessgrößen (Stückzähler, Anpreß-Drücke, Farbtopftemperatur, Luftfeuchte, ...) auf dem Touch-LCD betrachten. Meldungen und Störungen werden in Listen verwaltet (Loging). Eine Anlageneinstellung kann vor der Übernahme in die Steuerung in einer Simulation betrachtet werden. Somit besteht eine Überprüfungsmöglichkeit kritischer Randbedingungen wie Kollisionsfreiheit, Dreh- momente und Taktzeiten. Über den IPC werden die von der Steuerung gesammelten Daten (Tracing) aufbereitet und über Ethernet (DCOM, ADO) dem Qualitäts- management übermittelt. Für Wartungsarbeiten und zum Softwareupdate kann über ein Modem auf jede einzelne Komponente der Steuerung zugriffen werden.

Softwarebaukasten

Durch die Intergration eines SPS Entwicklungssystems wie CoDeSys in einen seit Jahren verfügbaren Softwarebaukasten ergibt sich eine vollständig neue Qualität der möglichen Lösungen sowie auch eine Verbesserung der Zusammenarbeit zwischen Zulieferer und Kunde. Der bisherige Softwarebaukasten aus dem Echtzeit- Multitasking-Betriebsystems RTOS-UH und den Entwicklungsumgebungen für PEARL90 und Gnu-C schloß den Kunden vom selbständigen Einbringen seines Process-Know-hows aus. Letzlich war die Hürde eigene Programme zu schreiben im Regelfalle viel zu hoch gesetzt. Es mußten aufwendige Pflichtenhefte erstellt oder langwierige Studien betrieben werden, um das spezifische Know-how des Kunden in die Applikation zu integrieren. Diese Vorgehensweise ist aber vor allem bei kleinen Serien durch die hohe Kostensensibilität nicht durchfürbar.
Die neuen Möglichkeiten der Aufteilung der Arbeiten lassen weitaus kostengünstigere Lösungen entstehen. Der Kunde muß nur eine Einweisung für den Umgang mit der SPS-Entwicklungsumgebung erhalten. Es muß allerdings eine klare Absprache getroffen werden, welche Systemteile mit welcher Methode (SPS-Programm oder Echtzeitmodul) besser realisiert werden können. Somit lassen sich Steuerungskonzepte für ganze Produktgruppen des Kunden entwerfen. Jede Gruppe hat immer eine Menge von vorgefertigten Funktionsbausteinen (Temperaturregler, Displaybausteine, Berechnungsblöcke,...) zur Verfügung, die vom Kunden dann speziell für seinen Endkunden in kundenspezifische SPS-Programme eingefügt werden. Der Kunde hat somit die Möglichkeit gewonnen, Echtzeit-Know-how zu nutzen und gleichzeitig sein Prozess-Know-how einzubringen, ohne bei jeder Änderung des Maschinenablaufes oder der Änderung einer Programmverknüpfung Kontakt mit dem Zulieferer aufnehmen zu müssen.

Regelung des Tampon-Anpreß-Druckes

Neben vielen anderen Parametern, die das Druckbild auf dem Produkt beeinflussen, ist der Tampon-Anpreß-Druck ein sehr wichtiger. Im Schaumkopf des Tampons ist ein Drucksensor untergebracht, der in Abhängigkeit vom zurückgelegten Weg die sich ergebende Kraft auf den Tampon respektive auf dem Produkt mißt. Für eine gleichbleibende Druckqualität ist ein gleichbleibender Anpreß-Druck notwendig. Eine rein wegabhängige Einstellung des Anpreß-Duckes ist aber aufgrund verschiedener Störgrößen, wie beispielsweise der Materialermüdung des Schaumkopfes, nicht möglich. Folglich bedarf es einer Regelung, welche den Hub des Tampon so nachführt, daß der Anpreß-Druck in der Farbaufnahme- und Farbabgabe Position des Tampons konstant bleibt.

Der Drucksensor wird vom Servoregler mit einer Abtastrate von 125 µs bewertet, und exakt zum Zeitpunkt der Farbübernahme über dem Klisché oder der Farbabgabe über dem Produkt wird der aktuelle Tampon-Anpreß-Druck an den Knotenrechner übermittelt. Bei einer maximalen Produktionsleistung von 8000 Stk/h ergibt sich eine Triggerrate von 225ms. Das entsprechende Echtzeitmodul auf dem Knotenrechner ermittelt die Abweichung vom Sollwert und daraus die neue Stellgröße, die wiederum an den Servoregler übergeben wird. Die Stellgröße besteht aus einem Offset und einem Dehnungsfaktor, der die vom Servoregler bearbeitete Kurvenscheibe entsprechend dehnt und in der z-Achse verschiebt, so dass die Position des oberen Umkehrpunktes auf keinen Fall verändert wird.

Ein solcher Eingriff muß ohne den Verlust der Synchronität zur Klisché-Achse geschehen und darf wegen der geforderten Kollisionsfreiheit des Ablaufes nur am oberen Umkehrpunkt der Tamponbewegung stattfinden. Außerdem dürfen gewisse minimale und maximale Grenzen nicht über- oder unterschreiten. Deshalb suspendiert sich die Reglertask nach der Berechnung der Stellgrößen und wird durch ein Synchronisationssignal des Tampon-Servo-Reglers wieder aktiviert, um zum exakt richtigen Zeitpunkt die Stellgröße dem Servoregler zur Verfügung zu stellen.

Berechnung des Kurvengetriebe

Für die Berechnung des konkreten Bewegungsablaufes von Klischè und Tampon bietet die VDI-Richtline VDI 2143 einen guten Leitfaden. Diese Darstellung war im zu Grunde liegenden Projekt die Schnittstelle zwischen mechanischer Konstruktion, die bisher die Kurvengetriebe entworfen hatte, und dem Programmierer, der die althergebrachten Methoden in neue Programmstrukturen zu gießen hatte. Die Parameter der einzelnen Bewegungsabschnitte werden über die Benutzeroberfläche eingegeben. Im Knotenrechner werden dann aus den Start- und Endkoordinaten eines Abschnittes und den jeweiligen Bewegungsgesetzen unter Berücksichtigung der realen physikalischen Gegebenheiten Wertetabellen errechnet. Diese Tabellen werden zum Servo-Regler heruntergeladen und parametrieren dann einen stetigen Bewegungsablauf. So ist ein optimaler, kollisionsfreier Produktionsablauf garantiert.

Prototyp eines Bildrechners für Echtzeitbildverarbeitung in Industrie- und Medientechnik

Prof.-Dr. Ulrich Ramacher, Infineon Technologies, Corp. Research, München
Dr.-Ing. Wolfgang Raab, Infineon Technologies, Corp. Research, München
Dr.-Ing. Wolfgang Kabatzke, Siemens AG, A&D S, Hamburg

1. Einleitung

Immer leistungsfähigere Techniken in allen Bereichen des täglichen Lebens fordern und fördern neue Gedanken zur immer effizienteren Gestaltung von Prozessen und Abläufen. Neben den „klassischen" analogen und digitalen Sensoren in der Automatisierungstechnik als Schnittstellen vom Mensch zur Technik machen Fortschritte in der Entwicklung und Herstellung integrierter Schaltungen den Weg hin zur direkten intelligenten optischen Sensierung möglich. Damit rücken neue Verfahren und Methoden, die z. B. auf der optischen Sensierung und Bildverarbeitung aufsetzen, in immer greifbare Nähe. Beispiele lassen sich vielfältige aufführen. Vor allem im Bereich der Qualitätskontrolle ist ein starker Zuwachs von Applikationen auf diesem Sektor zu verzeichnen bzw. in Zukunft zu erwarten. Mit den Methoden der schnellen Bildverarbeitung lassen Bilder sicher nach vorgegebenen Kriterien untersuchen, um z. B. einfache Unterscheidungen nach „gut" und „schlecht" vornehmen zu können. Allerdings erfordern diese Entscheidungen selber eine Verarbeitung und Auswertung riesiger Bilddatenmengen in kürzester Zeiteinheit, wenn ein solches System in der Praxis wirtschaftlich arbeiten soll. Ein speziell für die Datentypen und Operationen der Bildverarbeitung entwickelter C-programmierbarer VLSI-Prozessor macht dies möglich.

2. Systemkonzept des Bildprozessors VIP128

Viele Anwendungen in der Bildverarbeitung mit ihren 3 Zweigen "Bildvorverarbeitung", "Bildkodierung" und "Bilddarstellung" basieren auf rechenintensiven Prozessen wie Filterungen und Transformationen unterschiedlichster Ausführung (Gauß-/Laplace-Pyramide, Wavelets, Gabortransformation, diskrete Cosinustransformation, Koordinatentransformation, Medianfilterung, morphologische Operationen, Matching-Verfahren, Phong-Shading,...), welche mit Mikroprozessoren heute nicht in Echtzeit zu bewältigen sind. Sondern Stand der Technik sind spezielle Graphikprozessoren, ASICs für die Video-Bild-(De-)Codierung und DSPs für die allgemeine Bildvorverarbeitung, welche dem Mikroprozessor je nach Anwendung zugesellt werden müssen. Nach unseren Abschätzungen kann frühestens mit 0.13µm CMOS Technologie im High-End-Workstation-Markt mit einer 1-Chip-Integration von Mikroprozessor, DSP und Graphikprozessor aufgewartet werden.
Um den in der Bildverarbeitung, der Bildkompression und der Bilderzeugung gelegenen Markt des VIP128 mit all seinen Multimedia-Spin-offs genügend flexibel bedienen zu können, war von Beginn an gefordert, daß High-end- als auch Low-end-Lösungen aufbaubar sind; d.h. die Systemarchitektur sollte modular und skalierbar sein.

Weil eine Assembler-Programmierung heute nicht mehr marktgerecht ist, wurde entschieden, daß der VLSI-Prozessor durch eine Hochsprache wie z.B. "C" programmierbar sein mußte. Als Systemumgebung wurde ein PC mit WindowsNT-Betriebssystem angenommen.

Um Systeme kleinen Volumens, niedriger Kosten und großer Anwendungsbreite realisieren zu können, mußte die Architektur der PC-Karte bezüglich Speicherausbau und anschließbarer Peripheriegeräte flexibel sein. Deshalb waren Speicherbausteine und Anpassungslogik an unterschiedliche Ein-/Ausgabegeräte wie Digital-/Analog-Kameras oder Monitore auf der PC-Karte unterzubringen. Um die Rechenleistung gegebenenfalls erhöhen zu können, mußten mehrere Boards kaskadierbar sein. Ebenso wurde eine PCI-Bus-Schnittstelle zu einem Hostrechner vorgesehen.

Der Instruktionssatz und die Architektur des Datenpfades, die Cache- bzw. Speicherarchitektur sowie die Programmsteuerung des Bildprozessors wurden durch eine breit angelegte Analyse – bezüglich Programmfluß, Struktur, Arithmetik, Speicherbedarf und I/O-Raten – von einer Vielzahl von Algorithmen der low- und medium-level-Bildverarbeitung, der Videocodierung/-decodierung und der 2D-/3D-Graphik gewonnen. Im einzelnen ergaben sich für die "3 C" (computation, communication, control) folgende Anforderungen an die Architektur des Bildprozessors:

Datenpfad-Architektur: Die Forderung nach Echtzeitfähigkeit kann heute am einfachsten durch eine SIMD-Architektur des Datenpfades mit parallel angeordneten Rechenwerken erfüllt werden. Da die Wortbreite und Art der Rechenschritte und ihre Abfolge von Algorithmus zu Algorithmus stark variieren, müssen die Rechenwerke sehr flexibel ausgelegt werden: jedes der (maximal 16) Rechenwerke des Bildprozessors enthält eine 32bit Vektor-ALU und einen 64bit DSP-Kern, mit welchen 8-, 16- und 32-bit-Worte verarbeitet werden können. Diese Rechenwerke werden im weiteren als Prozessorelemente des Bildprozessors bezeichnet.

Speicherarchitektur: Die Einsatzgebiete des Prozessors sind durch so große Datenmengen bei Ein- und Ausgabe wie bei Zwischenergebnissen gekennzeichnet, daß in vielen Fällen eine ausschließliche on-chip-Speicherung ausscheidet. Andererseits bedingt die geforderte Rechenleistung eine hohe Speicherbandbreite, die durch off-chip-Speicher alleine nicht geboten wird. Die gerade für die rechenintensiven Algorithmen gegebene Möglichkeit, Eingangsdaten und Zwischenergebnisse mehrfach zu verwenden und dadurch die Bandbreite zu reduzieren, kann durch Einsatz von on-chip-Speichern verwirklicht werden. Die Speicherhierarchie ist ferner so auszulegen, daß außer auf Skalare auch auf Datenaggregate wie Vektoren und Matrizen inkl. ihrer Transponierten zugegriffen werden kann. Insbesondere handelt es sich hierbei nicht immer um vollständige Objekte, sondern auch um Untermengen wie z.B. ein- oder zweidimensionale Bildausschnitte.

Architektur der Programmsteuerung: Die von den Prozessorelementen und der Speicherhierarchie geforderte Flexibilität bei gleichzeitig hohem Durchsatz überträgt sich auf die Steuerung. Sie muß deshalb einerseits programmierbar sein und andererseits über eine hinreichend hohe Befehlsbandbreite (in der Spitze: $2 \cdot 10^9$ Steuerbytes/s) verfügen. Mit heute verfügbaren RISC-Cores ist dies nicht zu leisten; es muß vielmehr ein solcher Core um eine untergeordnete Schicht von mehreren Controllern ergänzt werden. Die Programmierung des Steuerrechners erfolgt somit in zwei Stufen: mittels der Hochsprache "C" auf dem Core (Schnittstelle zum Anwender) und einer Mikroprogrammierung der diversen Controller für die zentrale Datentyp-spezifische Steuerung der parallelen Prozessorelemente und ihrer on-chip-Speicher. Um die Mikroprogrammierung vom Anwender fern zu halten, mußte die Programmiersprache "C" um zusätzliche Sprachelemente für den SIMD-Teil ergänzt werden.
Da der VLSI-Prozessor für die Verarbeitung, Erzeugung und Kompression/Dekompression von Bildern entwickelt wurde, werden der Prozessor als **Vision-Instruction-Processor** und die C-enthaltende Programmiersprache als **Vision Programming Language** bezeichnet.

3. Architektur des VIP

Die VIP-Architektur besteht im wesentlichen aus einem skalierbaren Prozessorfeld, einer Reihe von on-chip-Speichern, dem C-Kern (verfügbar war der OAK) mit untergeordneten Controllern und diversen Schnittstellen. Letztere bedienen off-chip-Speicher, den PCI-Bus und/oder externe Datenquellen/-senken (Bild 1).

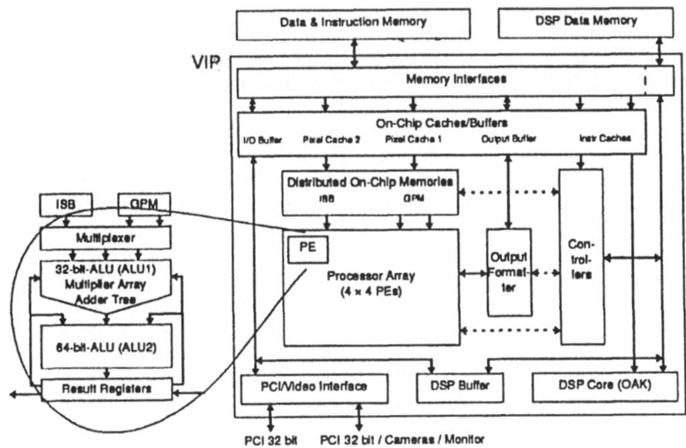

Bild 1: Die Architektur des VIP

Das Prozessorfeld ist eine 2-dimensionale Anordnung der oben erwähnten Prozessorelemente (abgekürzt: PE), die in horizontaler und teilweise auch vertikaler Richtung miteinander kommunizieren können. Die Rechenwerke der PEs bestehen aus einer Vektor/Matrix-Pipeline zur gezielten Beschleunigung besonders rechenintensiver Operationen und einer Integer Unit (ALU 2), deren Funktionalität mit den Rechenwerken von Standard-DSPs vergleichbar ist (Bild 2).

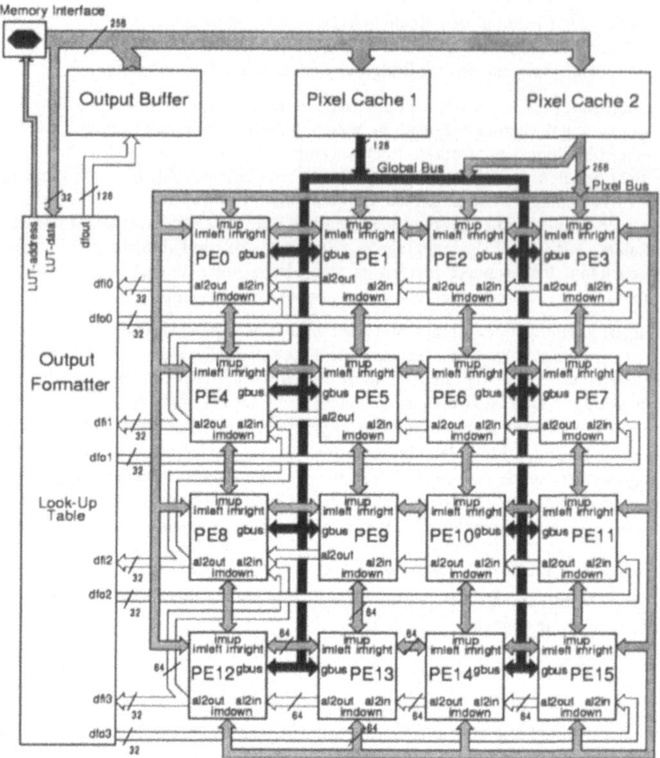

Bild 2: Die Vektor/Matrix-Einheit des VIP128

Die Vektor/Matrix-Einheit, bestehend aus bis zu 8 parallel arbeitenden 32bit ALUs (zusammen als ALU1 bezeichnet) und Multiplizierern, kann Wortbreiten von 8, 16 oder 32 Bit verarbeiten ("packed arithmetics"), während die Integer Unit auf 64 Bit ausgelegt ist. Zur Abspeicherung von Rechenergebnissen verfügt jedes PE über einen Satz von 16 lokalen 64-bit-Registern.
Die Versorgung des Prozessorfelds mit Daten geschieht über eine Speicherhierarchie; sie besteht aus PE-lokalen on-chip-Speichern, globalen on-chip-Caches/Buffers und einem off-chip-Speicher (Data&Instruction Memory). Aufgabe dieser Speicherhierarchie ist es zum einen, die Datenformate so aufzubereiten, wie es das PE-Feld verlangt; und zum anderen, die vielen Algorithmen immanente Mehrfachnutzung von auf dem Chip vorhandenen Daten zu ermöglichen und dadurch den Bandbreitebedarf zum off-chip-Speicher auf das verfügbare Maß zu reduzieren.
Einer der PE-lokalen Speicher ist als 2-dimensionales Schieberegister ausgelegt (auch 1D-Betrieb ist möglich). Dieser Image Section Buffer (ISB) zielt auf die Unterstützung von Operationen mit lokalem Charakter. Die Wortbreiten können 8, 16 oder 32 Bit betragen, wobei jedes PE über einen Ausschnitt von 2x2 oder 2x4 Pixel verfügt. Der andere PE-lokale Speicher ist frei adressierbar mit zwei Lese-Ports zum PE-Feld hin und einem Schreib-Port zum off-chip-Speicher. Dieser als General Purpose Memory (GPM) bezeichnete Speicher liefert Vektoren oder zweizeilige Matrizen an die PEs und unterstützt Operationen, bei denen eine Mehrfachnutzung von Eingangsdaten zwischen den PEs nicht möglich ist. Auch hier betragen die Wortbreiten 8, 16 oder 32 Bit, bei einer Spaltenanzahl der Vektoren bzw. Matrizen zwischen 1 und 8 je PE. Außerdem kann der GPM in einen Histogramm-Modus versetzt werden, der die Erstellung von 8-bit-, 10-bit- und 12-bit-Histogrammen erlaubt. Die Ausgabe der Rechenergebnisse von den Registern der PEs in den off-chip-Speicher erfolgt über den Output Formatierer und einen Output Buffer, in welchem die Daten auf ein Format gebracht werden, das zur Organisation des off-chip-Speichers kompatibel ist. Außerdem ermöglicht der Output Formatierer indirekte Zugriffe auf diesen Speicher und damit die Auswertung von Funktionen mittels Wertetabellen (Look-Up Tables), die sich im off-chip-Speicher befinden. Die Schnittstelle zum off-chip-Speicher (memory interface) unterstützt Fast-Page-Mode- (FPM) und synchrone DRAMs. Um möglichst hohe Datenraten zu erzielen, werden weitestgehend Burst-Transfers eingesetzt. Als Datenspeicher für den C-Core ist ein SRAM vorgesehen.

Das PCI/Video-Interface kann wahlweise als 64-bit- oder als 32-bit-PCI-Schnittstelle konfiguriert werden. In letzterem Falle können die übrigen 32 Datenbits als einfache Parallelschnittstelle genutzt werden, um beispielsweise Videokameras (auch Stereo im Zeitmultiplex), einen Monitor oder andere Datenquellen/-senken anzuschließen. Die Anpassung an die jeweiligen Geräte erfolgt dabei auf Board-Ebene. VIP-seitig sind DMA-Controller vorhanden, die vom OAK konfiguriert werden.

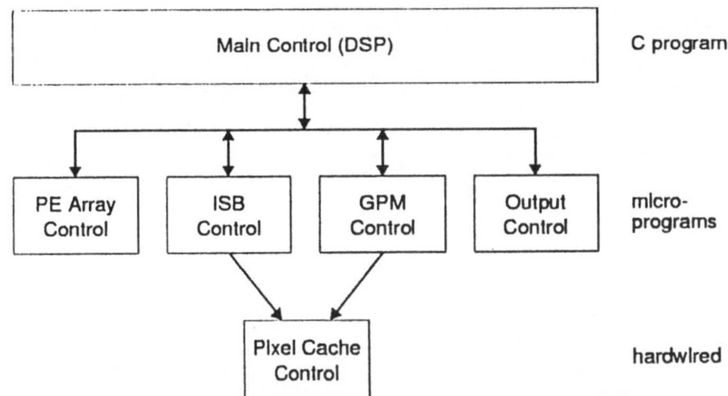

Bild 3: Die internen Control-Strukturen im VIP128

Jeder der Einheiten PE-Feld, Output Formatter, ISB sowie jedem GPM-Port ist ein separater Controller zugeordnet. Deren Programmierung erfolgt nicht über ein gemeinsames VLIW (very long instruction word), sondern über individuelle Befehlsströme. Auf diese Weise vergeuden nicht benötigte Einheiten keine Befehlsbandbreite, und die einzelnen Mikroprogramme können hinsichtlich ihrer Struktur unabhängig voneinander optimiert werden, was wiederum der Befehlsbandbreite zugute kommt. Diese Mikroprogramme werden ebenfalls im off-chip-Speicher abgelegt und den Controllern über gewöhnliche Instruction Caches zugeführt.

Die Koordination der Controller, d.h. die Auswahl und den Start der Mikroprogramme sowie deren Versorgung mit Parametern, übernimmt der OAK. Dieser bildet damit die übergeordnete Kontrollebene, in welcher auch allgemeine Aufgaben wie Verwaltung des off-chip-Speichers und Kommunikation mit einem eventuell vorhandenen Hostrechner abgewickelt werden (Bild 3).

Das OAK-Programm wird ebenfalls im off-chip-Speicher abgelegt, während für OAK-Daten eigene on- und off-chip-Speicher eingesetzt werden, um die Harvard-Architektur des OAKs zu unterstützen. Darüber hinaus hat der OAK Zugriff auf off-chip-Speicher, PCI-Bus und Kameraschnittstelle.

Sowohl das Programm für den OAK als auch die verschiedenen Mikroprogramme werden von einem Hochsprachen-Compiler generiert. Ausgangspunkt ist die Programmiersprache C mit einer Reihe von Erweiterungen, die der Behandlung von besonderen Datentypen dienen. Diese Ergänzungen von C (Vision Programming Language genannt) reflektieren einerseits die grundlegenden Operationen mit Skalaren, 1D- und 2D-Datentypen und abstrahieren andererseits von der zugrunde liegenden Hardwarearchitektur.

Soll der VIP mit einem Hostrechner gekoppelt werden, so steht für diesen ein entsprechender Treiber für Windows NT zur Verfügung. Darüber hinaus existiert eine C++ Klassenbibliothek (VPL++), die den Datentransfer zwischen Host und VIP abwickelt.

4. Kenndaten und Performance

In der Ausführung mit 16 PEs, welche als VIP128 bezeichnet wird, weist der VIP folgende Kenndaten auf (Tab.1):

Technologie	0,35 µm CMOS
Anzahl der PEs	16
Anzahl der Transistoren	8 Mio., davon 2 Mio. für Speicher
Chipfläche	22x23 mm^2
Taktfrequenz	133 MHz
Peak Performance (MAcc=Multiplikation & Akkumulation)	17x10^9 MAcc/s@8x16 Bit 8,5x10^9 MAcc/s@8x32 Bit 8,5x10^9 MAcc/s@16x16 Bit 4,3x10^9 MAcc/s@16x32 Bit 2,1x10^9 MAcc/s@32x32 Bit
Datentypen	**Skalar, Vektor, Matrix**
Wortbreite	8 Bit, 16 Bit, 32 Bit; signed/unsigned
Speicherbandbreite	1,3 GByte/s
Video-I/O-Bandbreite	260 MByte/s
max. Verlustleistung	< 15W
VPL-Compiler	C mit Ergänzungen
Einbindung in Windows NT	PCI-Treiber, VPL++Klassenbibliothek für Host

Tab. 1: Kenndaten des VIP 128

Einen Eindruck von der Leistungsfähigkeit des VIP 128 bei der Abarbeitung von Algorithmen der 2D/3D-Graphik, Bildverarbeitung und der Kompression/Dekompression verschaffen die nachfolgenden Tabellen 2-4. Hierbei ist angenommen, daß der VIP mit 120 MHz und die externen Speicher mit 80MHz getaktet werden.

OPERATION	1 PE	4 PE	8 PE	16 PE (VIP128)	
2D GRAPHICS					
lines (10 pixel)	20	830K	830K	830K	line/s
rectangles (10x10pixels)	80	500K	560K	1000K	rect/s
3D GRAPHICS					
modelling & clipping	0,5	0,36	0,3	0,26	µs/_
illumination(Gouraud)	0,55	0,18	0,12	0,09	µs/_
Gouraud shading (25pixels/_)	5,5	3,5	2	1,5	µs/_
Gouraud shading (50pixels/_)	20,7	6,8	3,3	2,1	µs/_
Rendering with Gouraud (25pixels/_)	85K	240K	390K	510K	_ / s
Rendering with Gouraud (50pixels/_)	45K	130K	260K	390K	_ / s
Rendering with Phong (25pixels/_)	20K	60K	85K	110K	_ / s

Tab. 2: 2D/3D Graphik mit dem VIP

OPERATION	1 PE	2 PE	4 PE	8 PE	12 PE	16 PE (VIP128)	
2D Convolution, 16x8 Bit, *5x5 core*							
CCIR 601, 720x576 pixels	40	20	10	5	3,4	2,5	ms
HDTV, 1440x1152 pixels	140	70	35	18	12	9	ms
2D Convolution, 16x8 Bit, *15x15 core*							
CCIR 601, 720x576 pixels	260	130	65	33	22	16	ms
HDTV, 1440x1152 pixels	10^3	500	250	125	85	63	ms
1024point complex Fouriertransform							
1 vector, 16x16 Bit	7,2	7,2	7,2	3,6	1,8	1,8	ms
8 vectors, 16x16 Bit	38	19	9,6	4,8	3,2	2,4	ms
8x8 Block DCT (16x16 Bit), per block	2,4	1,2	0,6	0,3	0,2	0,15	µs
Block matching, 16x16 block (8Bit), 16x16 search (8Bit), per block	80	41	21	11	8	6	µs
bitwise AND, OR							
3x3 mask	3	6	12	24	36	48	GOPS
5x5 mask	5,4	11	22	43	65	87	GOPS
2D dilation/erosion, *5x5 mask*							
CCIR 601, 720x576 pixels	3,8	1,9	0,95	0,5	0,3	0,24	ms
HDTV, 1440x1152 pixels	15	7,5	3,8	1,9	1,3	1,0	ms

Tab. 3: Image processing mit dem VIP

OPERATION		minimal number of PEs required for real time operation
PROFILE	LEVEL	
MPEG-2 coding,	CIF, 352x288 pixels, 30 Hz	2 PEs (fully used)
main profile	CCIR 601, 720x576 pixels, 25 Hz	8 PEs (fully used)
(video+6-ch.audio)	HDTV, 1440x1152 pixels, 25 Hz	32 PEs (fully used)
MPEG-2 decoding,	CIF, 352x288 pixels, 30 Hz	1 PE (34% used)
main profile	CCIR 601, 720x576 pixels, 25 Hz	2 PEs (57% used)
(video+6-ch.audio)	HDTV, 1440x1152 pixels, 25 Hz	8 PEs (57% used)
H.261/H.263	QCIF, 176x144 pixels, 30 Hz	1 PE (59% used)
coding&decoding, video+1-ch. audio	CIF, 352x288 pixels, 30 Hz	2 PEs (79% used)

Tab. 4: Image coding/decoding mit dem VIP

5. Die technische Umsetzung des Bildrechners für Industrie-Automatisierungssysteme

5.1 Die technische Basis

Die technische Basis finden wir im SICOMP-IMC-System, da hier eine Durchgängigkeit von Low-Cost-Systemen bis hin zu Systemen mit höchsten Anforderungen gegeben ist.

Im Bereich der industriellen Anwendungen werden sehr hohe Anforderungen gestellt. Die Anforderungen lassen sich wie folgt definieren:

robuster Aufbau
EMV-Festigkeit
CE-Konformität
langlebiges Produktspektrum
lüfterloser Betrieb in Kompaktsystemen
kompakter, flexibler und hochmodularer Aufbau
skalierbare CPU-Leistung
INTEL-Prozessorlinie

Hier ist zusätzlich Arbeit und Aufwand zu investieren, wenn der Anwender zu akzeptablen und stabilen Lösungen kommen will. Eine Variante ist ein voll industrietaugliches Mikrocomputersystem, welches streng modular aufgebaut ist. Bei den Boardsystemen im mittleren und oberen Leistungssegment sind durch die Einflüsse der PC-Technik und das Hinzukommen von Aufgaben aus dem DV-Bereich zur Aktivitäten zur wesentlichen Verbesserung des Datendurchsatzes und der Erhöhung der Übertragungsgeschwindigkeiten auf dem Bussystem gestartet worden. Ein Ergebnis ist in der konventionellen PC-Technik der PCI-Bus, der mit seinen technischen Parametern bei 33 MHz Bustakt, 32Bit Datenbreite und 132 MByte/s Datenübertragungsgeschwindigkeit liegt. Die für rauhe Umweltbedingungen und hohe EMV-Anforderungen geschaffenen Boardsysteme (z.B. SICOMP-IMC) haben die gleichen Geschwindigkeitsanforderungen, die aber durch geometrische Gegebenheiten angepaßt werden mußten. Das Ergebnis dieses Anpassungsprozesses ist der iPCI-Bus, wobei die Abkürzung iPCI hier mit der Ausrichtung auf Industrial PCI steht.
Der iPCI-Bus ist als lokaler Erweiterungsbus auf den neuen SMP- und AMS-Baugruppen des SICOMP-IMC-Systems ausgeführt. Besonders in Verbindung mit der Pentium-Technologie bis 300 MHz, Speicherausbau bis z.B. 128MB und hochperformanten Anwendungen z.B. aus dem Bereich der Prozeßvisualisierung wird dieser neue lokale Bus für den Anwender interessant.

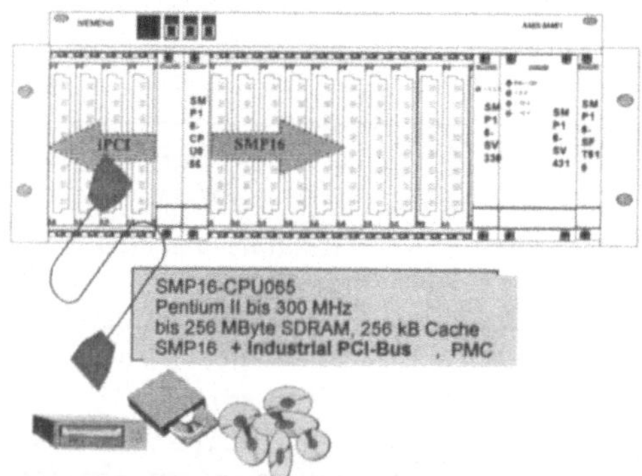

Bild 4: Integration von iPCI bei SICOMP-IMC am Beispiel SMP-16

Das Bild 4 zeigt eine möglich Aufbauvariante eine SICOMP-IMC-Systems mit klassischen SMP16-Bus und den neuen lokalen iPCI-Bus.

5.2 Das „Up-Sizing" und „Down-Sizing" bestehender System mit dem VIP128

Mit iPCI ist durch Aufwärtskompatibilität zum bestehenden Standardbussystem ein „Up-Sizing" von IMC-Systemen möglich und umsetzbar. Bestehende upgradefähige Mikrocomputerkonfigurationen können übernommen werden, da lediglich ein Austausch der CPU notwendig wird. Die Einführung des iPCI-Busses macht eine sinnvolle Bildverarbeitung überhaupt erst möglich. Neben dem Thema der Bildverarbeitung kann durch iPCI die Mikrocomputertechnik auch in folgende Bereiche eindringen:

- Graphik, Prozeßvisualisierung
- Kommunikation

Die Vorteile der modernen und offenen Technik liegen für die Anwender auf der Hand:

- Nutzung neuester Technologien für die Produktionsautomatisierung

- prozeßnahe Qualitätsprüfung wird möglich
- intelligente Produktionszusammenhänge können implementiert werden
- neue Möglichkeiten der Verbindung von Produktion und Simulation
- Schritthalten mit den Fortschritten der Entwicklung der Informationsverarbeitung.

Neben den Vorteilen des „Up-Sizing" von Systemen bietet iPCI auch die Möglichkeit des „Down-Sizing" von Systemen. Hierbei ist gemeint, daß u.U. Aufgaben, die derzeitig von leistungsstarken Workstations und Hochleistungsrechnern getragen werden, auf PC abgearbeitet werden können. Einen anderen Aspekt kann man hierbei noch betrachten, daß durch das „Down-Sizing" Systeme in ihrer Kompaktheit und räumlichen Ausdehnung wesentlich verbessert werden können. Betrachten wir im Beispiel eine Ausgangssituation einer verteilten Anlage zur Prozeßvisualisierung.
In der praktischen Realisierung wird der VIP-Prozessor und sein externer Speicher auf ein SICOMP-IMC-Board im 3HE-Baugruppenspektrum (SMP16) umgesetzt, welches in einem SMP16-PC unter Windows NT arbeitet. Die Kommunikation zwischen dieser Baugruppe und dem SMP16-PC ist derzeitig in der Form einer C++-Klassenbibliothek auf dem Host und einer VPL-Runtimebibliothek auf der Baugruppe realisiert. Die Baugruppe wird durch einen Windows NT-Treiber und durch ein Softwareinterface mit Open GL/Direct 3D-Funktionalität angesprochen.

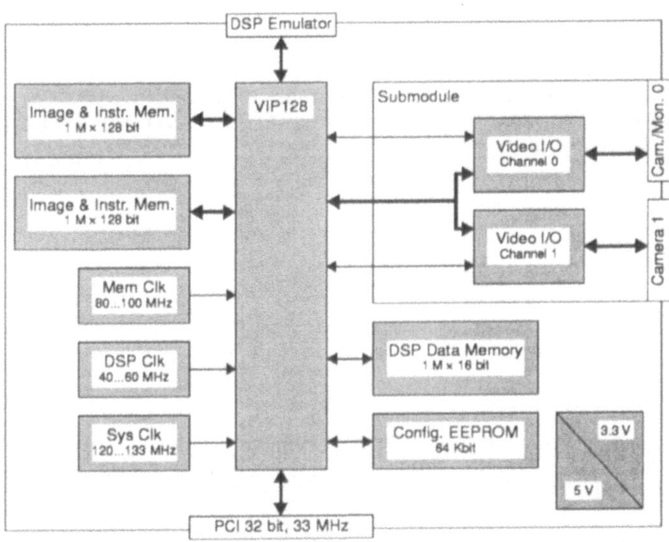

Bild 5: Die praktische Realisierung des VIP-Prozessors mit seinen Speichern auf einem PCI-Board

Die Anwendung des VIP128-Systems oder seiner Komponenten erlaubt innovative Applikationen in verschiedenen Anwendungsbereichen, die da wären:

- PC-Baugruppen mit Bild-, Graphik- und MPEG2/4-Codec-Funktionalität für Multimedia-PC und NC-Anwendungen (Videotelephon, Videokonferenzen, Videointerface, Bildsuche in Datenbanken, Virtual-Rality-Simulatoren, etc.)
- MPEG/JPEG-Encoder für Videokameras und Photoapparate
- Computer für bilderzeugende Systeme in den Bereichen Medizin, Umwelt, Verkehr und Industrie (schnelle Bildgenerierung für CT, Analyse von Satellitenbildern, intelligente Sicherheitskamera, Assistenten in Autos und Zügen, visuelle Kontrolle und Qualitätskontrolle, visuell gesteuerte Prozesse, Verkehrskontrolle, Roboter, etc.)

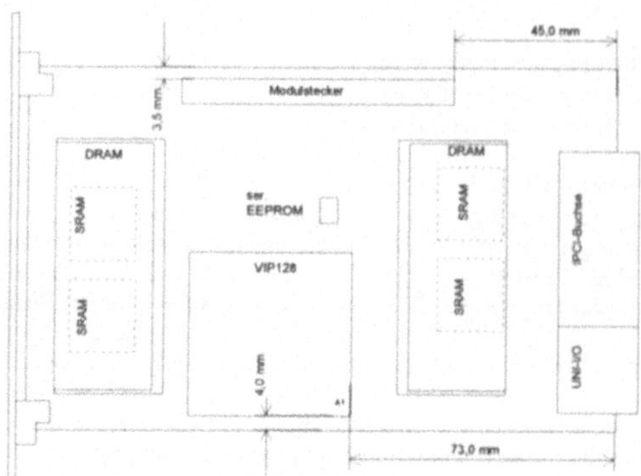

Bild 6: Der Aufbau eines VIP128-Boards in dem System SICOMP-IMC SMP16 (mit iPCI-Interface)

Die hervorragenden technischen Eigenschaften für eine äußerst leistungsfähige Bildverarbeitung und die bisher gelaufene Adaptionen an den klassischen PCI-Bus führten zu einer zeitlich sehr kurzen und sehr einfachen Einbindung in das industrielle Boardsystem. Diese sehr schnelle Umsetzung ist nur durch Ausschöpfung von Synergieeffekten zwischen zentralen Forschungsabteilungen und der Fertigung und Entwicklung der industriellen Boardsysteme ermöglicht worden.

Untersuchung von Dienstqualitäten bei echtzeitorientierten multimedialen Datenübertragungen

F. Dressler, U. Hilgers, S. Nägele–Jackson, K. Liebl

Regionales Rechenzentrum der Universität Erlangen–Nürnberg
Martensstraße 1, 91058 Erlangen

1   Einleitung

Mit dem zunehmenden Einsatz von Multimedia–Systemen und der Diskussion zur Übertragungsqualität in Netzwerken steigt die Notwendigkeit, die qualitativen Anforderungen von Video– und Audio–Applikationen zu untersuchen. Dabei sind besonders die Ergebnisse solcher Tests interessant, wenn keine Qualität vom zugrundeliegenden Netzwerk garantiert werden kann (z.B. bei IP oder bei ATM Verbindungen ohne Reservierung). In der vorliegenden Untersuchung werden Videoübertragungen durchgeführt und die Auswirkungen von unterschiedlichen Verkehrsbelastungen untersucht.

Bei Videoqualitätsmessungen unterscheidet man objektive und subjektive Meßmethoden [Wolf]. Subjektive Meßmethoden haben den Nachteil, daß sie meist nur in gut ausgestatteten Labors durchgeführt werden können. Da kein Zugriff auf ein solches besteht, werden in diesem Zusammenhang nur subjektive Messungen angewendet, die das Ergebnis nach gut zu sehenden bzw. zu hörenden Fehlern bewerten. Objektive Messungen werden für die folgenden Tests hauptsächlich auf der Netzwerkebene (Transportprotokoll) durchgeführt.

Im zweiten und dritten Kapitel werden die bei den Messungen verwendeten Übertragungsprotokolle und Kodierungsverfahren beschrieben. Dabei wird bei letzteren ein wesentliches Augenmerk auf die Unterschiede und Vorteile für verschiedene Einsatzbereiche gelegt. Im vierten Kapitel wird mit Hilfe von zwei Encodern und Decodern der Einfluß von Überlast in ATM–Netzwerken auf die Übertragung von Video und Audio untersucht. Im fünften Kapitel werden MBONE–Werkzeuge analysiert.

2   Transportprotokolle

Das Real–time Transport Protocol (RTP), welches auf dem IP–Protokoll aufbaut, definiert einen End–To–End–Übertragungsservice für Daten mit

Echtzeitcharakteristiken wie z.B. Audio oder Video. Dieser Service beinhaltet eine Identifikation des Inhaltes, eine Sequenznummerierung, Zeitstempel und Untersuchungen über die empfangenen Daten. Typischerweise wird UDP als Transportprotokoll genutzt, welches Multiplexing von verschiedenen Datenströmen und Prüfsummen unterstützt, aber prinzipiell ist jedes beliebige Transportprotokoll nutzbar. Multimedia Applikationen, die RTP nutzen (wie z.B. das in Kapitel 6 beschriebene Tool vic), sollten in der Lage sein, die Übertragungsrate den Fähigkeiten des Empfängers bzw. des Netzes anzupassen [RTP], [RTP–WWW].

Asynchronous Transfer Mode (ATM) ist ein standardisiertes Übertragungsprotokoll, bei dem ein Bitstrom in einzelnen Zellen fester Länge übertragen wird. Eine besondere Eigenschaft von ATM ist eine garantierte Dienstqualität (Quality of Service, QoS), die durch Verkehrs–Management–Funktionen zur Verfügung gestellt wird. ATM besteht in Anlehnung an das OSI–Referenz–Modell aus mehreren Schichten, wobei die ATM–Anpassungsschicht (AAL) die Dateneinheiten der Applikationen unter Berücksichtigung der unterschiedlichen Anforderungen in ATM–Zellen umsetzt [Kyas].

Der AAL–1–Typ dient dazu, Daten mit konstanten Bitraten zu übertragen und dieselbe Bitrate — taktsynchron zur Sendefrequenz — beim Empfänger wieder zur Verfügung zu stellen. Mit Hilfe der im Header befindlichen Taktinformation kann die ursprüngliche Datenrate der Sendestation synchron regeneriert werden. Verlorene oder fehlerhaft übertragene Daten werden nicht korrigiert oder wiederholt.

Der AAL–5–Typ ist sowohl für die verbindungsorientierte als auch die verbindungslose Übertragung geeignet. Alle Zellen, die zu einer AAL–5–PDU (Protocol–Data–Unit) gehören, werden in einem sequentiellen Zellstrom übertragen. Ideal ist AAL–5 für die Übertragung großer Datenmengen, da die maximale PDU–Größe 65535 Byte beträgt. Große PDUs haben den Vorteil, daß nur wenige Kopieroperationen zwischen der Anwendung und der Hardware, welche meist die Aufgaben der ATM–Anpassungsschicht übernimmt, nötig sind [dePrycker].

3 Kodierungsverfahren M–JPEG/MPEG2/H.261

Die Qualität eines kodierten, übertragenen und dekodierten Videosignals definiert sich durch die Bitrate, die Qualität des Kanals, die Fähigkeit des Protokolls mit einem schlechten Kanal zurechtzukommen und natürlich der Art der Kodierung.

Motion–JPEG (M–JPEG) nutzt für die Kodierung eines Videostroms das von ISO und ITU–T standardisierte digitale Komprimierungsverfahren JPEG für bewegungslose Bilder [JPEG]. Ein Einzelbild wird bei JPEG in zu komprimierende Blöcke von 8x8 Pixeln aufgeteilt, die jeweils durch eine Diskrete Kosinus Transformation umgewandelt werden. Der Kompressionsfaktor wird immer für das ganze Bild festgelegt und gilt für jeden der 8x8–Pixel–Blöcke. D.h. je nach Beschaffenheit des Bildes sind unterschiedlich hohe Kompressionsraten möglich. Es gibt keine Referenzen zu vorhergegangenen bzw. nachfolgenden Bildern. Dies hat den Vorteil, daß sich das Format für Videoschnittsysteme sehr gut eignet, da ohne weiteres Wissen auf jedes Einzelbild direkt zugegriffen werden kann. Die Auflösung ist im Prinzip frei wählbar, aber praktisch nur für PAL (NTSC) und 1/4PAL (1/4NTSC) definiert und genutzt (entsprechende Software implementiert meist nicht den vollen Standard). Das Kodieren des Videostroms ist aufwendiger als das Dekodieren.

Für die Komprimierung eines Bildes im MPEG–Format (Moving Picture Experts Group), werden die einzelnen Bildpunkte in Helligkeit (Luminanz, Y) und zwei Farbkomponenten (Crominanz, Cr und Cb) aufgeteilt. Das Abtastverhältnis definiert sich durch die Anteile der einzelnen Komponenten Y:Cr:Cb. Ein mögliches Verhältnis ist z.B. 4:2:2, d.h. alle Helligkeitswerte gehen in die Kodierung ein und alle 2 Bildpunkte die Farbwerte für Rot (Cr) und Blau (Cb). MPEG definiert auch eine Bewegungskompensation, um höhere Komprimierungsstufen zu erreichen. Es gibt 3 Kategorien von Bilden im MPEG–Strom: I(Interframe)–Frames = volles Bild, restaurierbar ohne weitere Informationen; P(Prediction)– Frames = Kodierung mit Referenz auf vorhergehende I– oder P–Frames; B(bidirectional)–Frames = Interpoliertes Bild mit Referenz auf vorhergehende und folgende Bilder. Einzelbilder werden in sogenannten GoPs (Group–of–Pictures) zusammengefaßt. Eine GoP beginnt immer mit einem I–Frame und endet mit einem I–Frame oder einem P–Frame. Eine GoP ist ohne Referenz auf weitere Bilder dekodierbar. Es ist aber auch I–Frame–Only–Kodierung möglich, d.h. die Länge einer GoP wird auf 1 gesetzt. Dies macht MPEG für Videoschnittsysteme interessant, da jedes Einzelbild ohne weitere Informationen dekodierbar ist. Die Qualität eines MPEG–Filmes hängt vom Abtastverhältnis (4:2:0 vs. 4:2:2 vs. 4:4:4) und von der möglichen Bitrate ab. Auch bei MPEG wird mit 8x8– Pixel–Blöcken gearbeitet, aber im Gegensatz zu M–JPEG ist die Wahl des Kompressionsfaktors für jeden Block einzeln wählbar. Dies führt zu einem wesentlich besseren Kompressionsverhältnis. Das Kodieren ist bei MPEG wesentlich aufwendiger als Dekodieren [MPEG-WWW].

MPEG2 ist im wesentlichen für zwei sehr unterschiedliche Qualitäts-
stufen definiert. Dies sind MP@ML (Main Profile @ Mail Level — 4:2:0)
mit 3 bis 15 MBit/s, genutzt z.B. für DVD (5 bis 9 MBit/s) und ausge-
strahltes digitales Fernsehen. Die GoP ist meist relativ lang. Das zweite Profil ist 4:2:2P@ML, welches für Rückspielung in Studios benötigt
wird. Typisch sind Datenraten von bis zu 50 MBit/s. Hochqualitative
Videoübertragungen werden I–Frame–Only übertragen.

Das Protokoll H.261 wurde entwickelt für Bewegtbildübertragungen
über Kanäle mit niedriger Bitrate (64 kBit/s bis 1920 kBit/s) [H.261].
H.261 definiert eine eigene Auflösung, das CIF–Format (Common Inter-
mediate Format) mit 352x288 Pixel bei 30 Bildern/s. H.261 verwendet
eine Abtastung im Verhältnis 4:2:2 und Pixelgruppen von 8x8 Pixeln
pro Block. Eine wesentliche Anwendung von H.261 sind Videokonferenzen. Der Encoder muß hierbei gleichzeitig auch Dekodieren können. Das
Verhältnis des Aufwandes beim Kodieren zu dem beim Dekodieren ist
daher fast ausgeglichen.

Für die Kodierung des Videosignals sind von den Abläufen im Encoder
nur die im Source Coder/Decoder von Interesse. Dieser hat folgende Aufgaben: Bewegungsschätzung (Prediction), Bewegungskompensation (Motion Compensation), Blocktransformation (Transformation), Quantisierung (Quantization). Durch die Kodierungssteuerung wird ein 8x8–Block
als für die Übertragung essentiell bzw. nicht–essentiell gekennzeichnet.
Nur die zu übertragenden Blöcke werden auch wirklich transformiert,
quantisiert und mit einem Code variabler Bitlänge ausgegeben.

4 Tests mit ATM–Codecs

Mit zwei ATM–Codecs, die mit unterschiedlichen Verfahren die Datenko-
dierung durchführen, soll untersucht werden, wie sich Video– und Audio–
Ströme bei Überbuchung einer Verbindung verhalten.

4.1 MPEG–Codecs

Bei den getesteten Geräten von der Firma Tektronix handelt es sich um
sogenannte M2T Series Video Edge Devices (Version 1.5.2). Diese können
Videoströme kodieren und über ein ATM–Netz über AAL–5 versenden.
Bei diesen Geräten ist die Videokomprimierung konfigurierbar und kann
auf MPEG2 MP@ML oder 4:2:2P@ML eingestellt werden.

Bild und Ton werden über zwei PVCs der Qualität ubr vom Encoder
über eine 155 MBit/s ATM–Leitung, die beiden ATM–Switches (einen

LS1010 der Firma Cisco und einen LE155 der Firma Fore) zum Decoder geleitet. Um den Einfluß von Überlast auf die Audio– und Video–Übertragung zu untersuchen, wird über die Verbindung zwischen LS1010 und LE155 zusätzlicher Verkehr (Störverkehr) gesendet. Dazu wird ein ATM–Monitor der Firma HP (HP4200B) verwendet. Sein sendendes Interface wird an den LE155 angeschlossen und das empfangende an den LS1010. Da für die Tests ein bewegtes Bild übertragen werden soll, wird als Bildquelle ein schlagendes Metronom verwendet. Für die Audio–Messungen wird Musik über die Teststrecke übertragen.

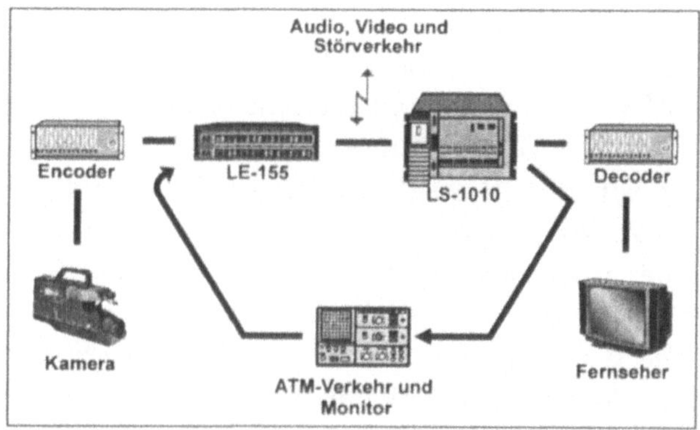

Abbildung 1. Testumgebung

Voruntersuchungen haben gezeigt, daß die durch die beiden Switches entstandene Verzögerung (Delay) zu vernachlässigen ist. Nun kann untersucht werden, wie die Übertragung der Daten zwischen den beiden Codern durch Störverkehr vom ATM–Monitor beeinflußt wird. Dazu wird der Lastverkehr des Monitors kontinuierlich erhöht, so daß am ausgehenden Interface des LE155 eine Überlast auftritt und dort Zellen verworfen werden müssen.

Für die Tests wird 4:2:2P@ML gewählt. Der Testaufbau ist in Abbildung 1 dargestellt. Zwischen der analogen Videoquelle (Kamera) und dem Encoder bzw. dem Decoder und dem Fernseher ist jeweils ein Analog–Digital–Wandler geschaltet, der den analogen Videostrom in einen digitalen umwandelt und umgekehrt. Der Grund für den Einsatz dieser Wandler liegt darin, daß nur digitale Videoströme von dem Tektronix-Codec im 4:2:2–Modus bearbeitet werden können. Die verwendeten A/D-Wandler erzeugen einen Signal-Delay von ca. 5ns (D/A-Wandler: ca.

20ns). Der Audiostrom wurde auf eine Rate von 128 kBit/s eingestellt, der Videostrom auf 47 MBit/s. Zusätzlich wurde der Codec auf I–Frame–Only–Kodierung konfiguriert.

Messungen ohne Störverkehr ergeben eine konstante PDU–Rate des MPEG2-Verkehr (Video und Audio) von 332 PDUs pro Sekunde. Dies entpricht bei 18800 Bytes/PDU einer reinen Datenrate von 50 MBit/s bzw. ca. 55.3 MBit/s nativem ATM-Verkehr incl. Header. Die entsprechende Zellrate bleibt konstant, selbst wenn beim Videobild starke Änderungen zu erkennen sind.

Im Laufe der Messungen zeigt sich, daß bei einer Absenkung des MPEG2-Verkehrs auf 55.256 MBit/s aufgrund des Störverkehrs erste PDU–Fehler in einer Größenordnung von 0.1% an der gesamten PDU-Rate auftreten. Diese Rate der fehlerhaften PDUs erhöht sich auf etwa 3,3% bei 55.25 MBit/s MPEG2-Verkehr und erreicht rasch annähernd 98% der gesamten PDU–Rate bei 52.26 MBit/s.

Unabhängig von den Bewegtanteilen im Videobild sind bereits bei einzelnen PDU–Verlusten (0.1%) störende Rauten zu erkennen. Gleichzeitig beginnt der übertragene Ton zu leiern und leichte Aussetzer sind ebenfalls zu hören. Auch sind leichte Laufzeitschwankungen des Bildes zu erkennen. Die Beeinflussungen erfolgen allerdings höchstens in einem leicht störendem Ausmaß. Man kann den Bildern und der Musik ohne weiteres folgen.

Bei einem Anteil von 3.3% fehlerhafter PDUs sind bereits viele Rauten und starke Laufzeitschwankungen sichtbar. Der Ton setzt zehntel Sekunden lang aus und "leiert" stark. Die Bild- und Tonstörungen werden rasch schlimmer und bei 98% fehlerhafter PDUs fällt die Ton– und Bildübertragung komplett aus.

Man sieht, daß bereits geringe Sprünge beim Störverkehr starke Beeinträchtigungen hervorrufen. Außerdem ist zu erkennen, daß sich objektive Ergebnisse sofort in entsprechenden subjektiven Eindrücken äußern.

4.2 K–Net–Tests

Die in dem Test verwendeten Encoder/Decoder "CellStack" von der Firma K–Net Limited übertragen die komprimierten Video– und Audio–Daten in einem AAL–5 ATM-Zellstrom. Für die Kodierung des Videostroms wird M–JPEG verwendet [K-Net].

Der Versuchsaufbau entspricht dem, der in Kapitel 4.1 vorgestellt wurde. Zunächst wird untersucht, wie sich das Erhöhen der Last vom Monitor auf die Anzahl zerstörter AAL–5–PDUs des Video– und Audio–Stroms zwischen den Codern auswirkt. In Abbildung 2 ist das Ergebnis der Messung dargestellt. Auf der Abszisse ist die Höhe des Lastverkehrs in der Einheit MBit/s aufgetragen. Die Ordinate enthält die Anzahl fehlerhafter PDUs. Dargestellt sind in der Abbildung die Testergebnisse sowohl für den Video– als auch für den Audio–Strom. Zu erkennen ist, daß Video, für dessen Übertragung 6800 PDUs/s benötigt werden, bei einem Lastverkehr von 137 MBit/s keinerlei zerstörte PDUs aufweist. Bei zunehmender Last beginnt die Zahl fehlerhafter AAL–5–Rahmen ab 139 MBit/s konstant anzusteigen und bei 144 MBit/s Last erhält man 301 zerstörte PDUs. Dann erreichen nur 6499 fehlerfreie PDUs/s den Decoder. Die Messung des Audio–Strom dagegen zeigt, daß von den 407 PDUs/s bei einer Last von 144 MBit/s nur 381 PDUs/s fehlerfrei beim Decoder ankommen. Prozentual werden beim Video–Strom mit 4.4% weniger PDUs zerstört als bei den Audio–Daten mit 6.3%. Zusätzlich ist festzustellen, daß schon bei 139.5 MBit/s 3.9% der Audio–PDUs fehlerhaft sind.

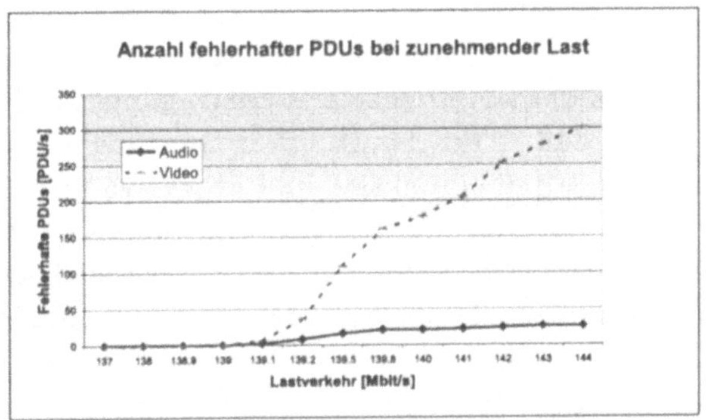

Abbildung 2. Einwirkung des Lastverkehrs auf zerstörte AAL–5–PDUs

Die Video–Übertragung wird bereits beim Verlust einzelner PDUs beeinträchtigt. Das Bild enthält dann vereinzelt Rauten in dem Bereich, indem die sich bewegenden Teile des Metronoms erscheinen (siehe Abbildung 3, Bild 1). Steigt die Last weiterhin an, wird das Bild in der unteren Hälfte, in der sich das Pendel des Metronoms bewegt, nicht mehr dargestellt (siehe Abbildung 3, Bild 2). Bereits da ist für den Beobachter die Bildqualität nicht mehr akzeptabel. Stehen für die Bildübertragung nur noch 4.4 MBit/s zur Verfügung, ist auf dem Fernseher, der am Decoder angeschlossen ist, nur noch ein Standbild zu sehen.

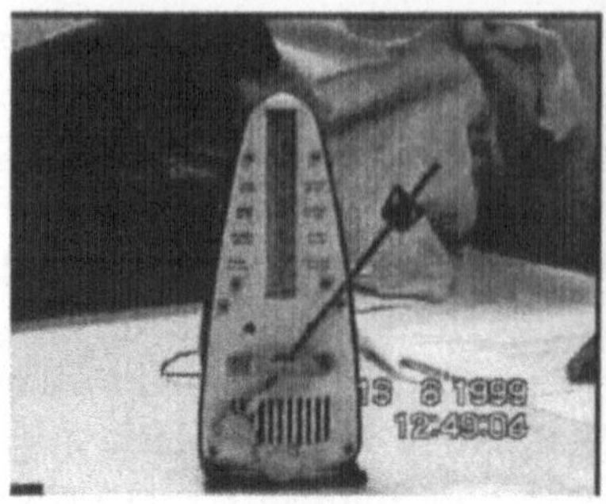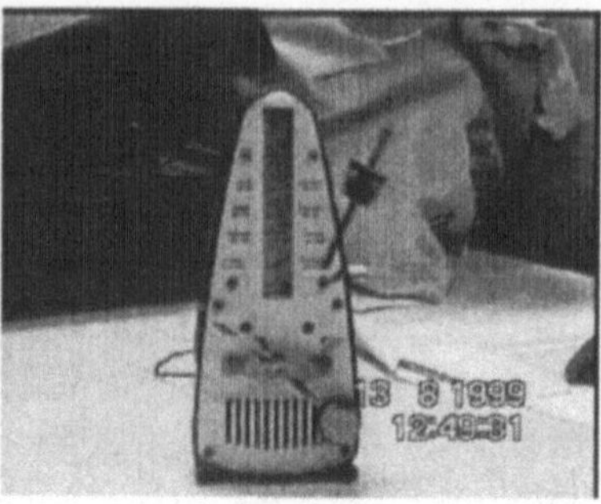

Abbildung3. Bild 1: erste Übertragungsfehler bei 8.57 MBit/s Bandbreite für Video–Daten und einem Lastverkehr von 139.5 MBit/s; Bild 2: grobe Übertragungsfehler bei 7.18 MBit/s Bandbreite für Video–Daten, Lastverkehr von 141 MBit/s

Auch für die Audiodaten, die 1.72 MBit/s Bandbreite für die Übertragung benötigen, kann beobachtet werden, daß bereits bei Zerstörung einzelner PDUs der Hörer Einbußen bei der Übertragung erkennt: Knacken im Ton. Bis zu einer Bandbreite des Störverkehrs von 1.68 MBit/s ist das Knacken zwar eine Beeinträchtigung, man kann aber der Musik folgen. Bei größerer Last und damit reduzierter Übertragungsbandbreite nehmen die Störungen so zu, daß es für den Zuhörer nicht mehr akzeptabel ist.

Es hat sich gezeigt, daß subjektive und objektive Messungen analoge Ergebnisse erbringen. Bei der Übertragung mit den K–Net–Codecs wird jeder Verlust einer PDU sowohl bei den Audio– als auch bei den Video–Daten sofort subjektiv vom Beobachter erkannt. Bei Audio ist es durch ein Knacken, bei Video durch eine Raute im dargestellten Bild zu erkennen.

Die Messungen zeigen, daß bei den ATM–Codecs ein deterministisches Verhalten zu erkennen ist. Bei einer Leitungsauslastung größer 100% beginnen die Qualitätseinbußen der Audio– und Video–Übertragung.

5   MBone–Tests

Da das Internet mittlerweile sehr verbreitet ist, kommt die Nutzung dieser Infrastruktur für Videoübertragungen immer mehr in Mode. Hier soll das Tool vic untersucht werden, das auf UNIX-Workstations zur Verfügung steht. Vic nutzt das Übertragungsprotokoll RTP und bietet die Grundlage für eine optimale Videoübertragung über schmalbandige Leitungen. Vic stellt Encoder und Decoder u.a. für die Protokolle M–JPEG und H.261 zur Verfügung.

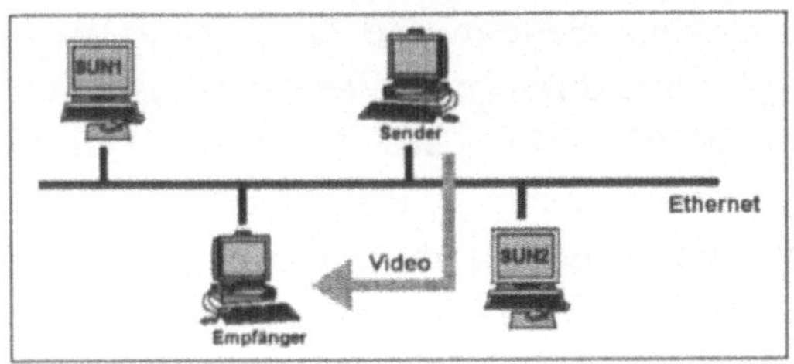

Abbildung4. Testaufbau für die MBone-Messungen

Abbildung 4 beschreibt den Versuchsaufbau. Die Videoübertragung erfolgt zwischen Sender– und Empfängerstation. Die beiden weiteren Sun–Workstations (Sun1 und Sun2) werden als Sender bzw. Empfänger für einen Stördatenstrom genutzt.

Vic nutzt die Möglichkeiten des Transportprotokolls RTP weitgehend aus und bietet adaptive Verfahren für eine bestmögliche Videoübertragung. Es wird ein Videostrom im H.261–Format erzeugt und über das Testnetz geschickt. Die Datenrate des Senders wird auf 500 kBit/s eingestellt, da die Software bei höheren Raten leider etwas instabil ist. Paketverluste, Delay und Jitter (Variation des Delays) werden vom Programm ausgewertet und dargestellt. Diese Werte dienen der objektiven Qualitätsanalyse des Videokanals. Für subjektive Tests wird an der Empfängerstation das Bild in voller Auflösung angezeigt und ausgewertet.

Der erste Test wird in einem 10 MBit/s–non–switched–Ethernet durchgeführt. Damit wird versucht, dem "Best Effort"–Verkehrsverhalten und der begrenzten Bandbreite im Internet am nächsten zu kommen.

Durch die beiden Workstations Sun1 und Sun2 wird auf dem Ethernet ein Stördatenstrom erzeugt und so ein schlechter Kanal simuliert. Dieser Hintergrundverkehr wird mit einem Tool push erzeugt, das über eine UDP–Verbindung Daten mit einstellbarer Paketgröße und konfigurierbarer Datenrate überträgt. Im Grenzlastbereich des Netzes (ab ca. 8MBit/s) steigt der Jitter der Videoübertragung extrem an. Ab einem gewissen Delay der Videopakete werden Pakete vom vic verworfen. Da aber die Videobandbreite durch das RTP–Protokoll schnell heruntergeregelt wird, ist trotzdem eine Videoübertragung möglich, allerdings mit geringerer Qualität.

Im Gegensatz zu den Messungen in Kapitel 4 sind bei diesen Tests schon bei einer Netzauslastung von 80% Qualitätseinbußen zu erkennen.

Eine zweite Messung wird in einem 100 MBit/s-Ethernet (durch einen Ethernetswitch realisiert) durchgeführt. Hier zeigt der Störverkehr zwischen Sun1 und Sun2 keinen Einfluß. Allerdings führt ein zusätzlicher

Stördatenstrom zwischen Sender und Empfänger zu Qualitätseinbußen. Dies liegt an der gemeinsamen (nicht–exklusiven) Nutzung des Interfaces des Rechners. Ab ca. 800 kBit/s steigt der Jitter der Videoübertragung an, wodurch es kurzzeitig auch zu Paketverlusten bei der Videoübertragung kommt. Dank des eingesetzten Transportprotokolls (RTP) wird die gesendete Bandbreite schnell reduziert und so den neuen Bedingungen angepasst. Je größer die Pakete des Störverkehrs sind, desto höher ist die Übertragungsrate (sowohl Video– als auch Störverkehr). Dies liegt an der Konstruktion des UNIX–IP–Stacks. Große Datenblöcke lassen sich im Hauptspeicher wesentlich besser kopieren. Ab ca. 40 MBit/s Datenrate am Interface der Workstation ist kein sinnvoller Videoempfang mehr möglich. Dies gilt vor allem bei kleinen Paketgrößen.

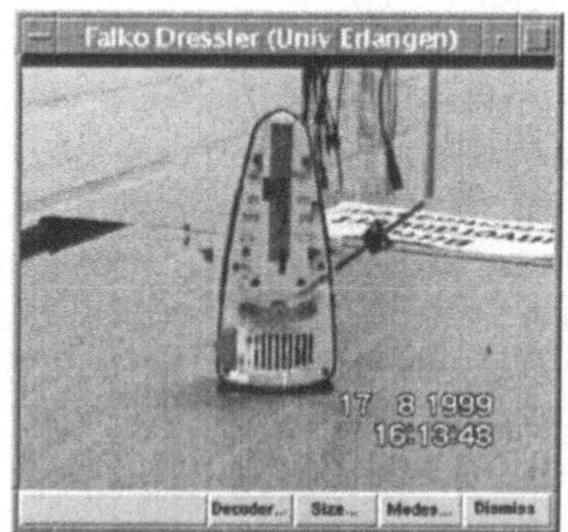

Abbildung5. Bild 1: Snapshot des `vic` bei Fehlern in der Übertragung; Bild 2: Paketrate bei den Fehlern

Die beiden Bilder in Abbildung 5 zeigen zwei Einbrüche in der Übertragung. Verursacht werden diese durch den genannten Störverkehr zwischen Sender und Empfänger. Das erste Bild zeigt einen Snapshot der Videoübertragung. Gut zu sehen sind Fehler im Bild. Das zweite Bild zeigt die vic–interne Auswertung der Übertragungsleistung. Es sind die empfangenen Pakete gegenüber der Zeit aufgetragen.

6   Zusammenfassung

Die Messungen mit den Codecs der Firmen K–Net Limited und Tektronix haben ergeben, daß bei geringsten Datenverlusten auf Grund von Überlast bei der Übertragung subjektiv Qualitätsminderungen zu erkennen sind. Es sind keine Beeinträchtigungen festzustellen, solange noch ausreichend Bandbreite für die Video– und Audio–Übertragung zur Verfügung steht.

Dank der adaptiven Verfahren und des eingesetzten Übertragungsprotokolls RTP sind mit dem Tool vic eine Videoübertragung bzw. Videokonferenzen möglich, allerdings bei reduzierter Bandbreite mit geringerer Qualität. Bei Überlast an Sender, an Empfänger oder im Netzwerk sind im ersten Moment die Leistungseinbrüche während des Einschwingvorgangs — ein Effekt, der im Internet "immer" auftritt — gut zu erkennen. Dies gilt sowohl für den subjektiven Eindruck, als auch für qualitative objektive Aussagen der programminternen Auswertungsmöglichkeiten.

Literatur

[K-Net] CellStack Video: Operating Manual. K–Net Limited, November 1995.

[Partridge] C. Partridge: Gigabit Networking. Addison–Wesley Publishing Company 1993.

[RTP] H. Schulzrinne, S. Casner, R. Frederick, V. Jacobson: RTP: A Transport Protocol for Real–Time Applications. Internet Draft, Internet Engineering Task Force, Request for Comments 1889, Januar 1999.

[RTP-WWW] http://www.cs.columbia.edu/ hgs/rtp/ — Homepage der RTP and Audio–Video Transport Working Group, Stand 20.8.1999.

[Kyas] O. Kyas: ATM–Netzwerke. DATACOM Buchverlag GmbH, 1996.

[dePrycker] M. de Prycker: Asynchronous Transfer Mode. Prentice Hall, München, 1996.

[Fromme] M. Fromme: Multimedia–Konferenzen in der Wissenschaft, Szenarien, Technologie, Werkzeuge. Studienarbeit, Universität Hannover, 1995.

[JPEG] Pennebaker, Mitchel: JPEG — Still Image Data Compression Standard. Van Nostrand Reinhold, New York, 1993.

[MPEG-WWW] http://www.mpeg.org/MPEG/ — Homepage der Moving Picture Experts Group, Stand 20.8.1999.

[H.261] Video Codec for Audiovisual Services at p x 64 kbits. ITU–T Recommendation H.261, ITU–T, 1993.

[Wolf] S. Wolf, M. H. Pinson, A. A. Webster, G. W. Cermak, E. Paterson: Objective and Subjective Measures of MPEG Video Quality, 139th SMPTE Technical Conference, New York, 21–24 November, 1997.

ATM – Ein Weg zur Integration von Rundfunkanwendungen in einem Netz

Herbert Hofmann

Institut für Rundfunktechnik GmbH
Digitale Netze
Floriansmühlstr. 60
80939 München
hofmann@irt.de

1   Einführung

Computer-basierte Einrichtungen (im Gegensatz zu linear arbeitenden Bandmaschinen) für die Speicherung und Bearbeitung von Programmen sowie für die Programmverteilung im Tonrundfunk wie im Fernsehen erzwingen eine neue Sicht der gesamten Arbeitsabläufe, die sich schnell und drastisch verändern. Diese Veränderung der Arbeitsabläufe wiederum hat erheblichen Einfluß auf die Gestaltung und die Nutzung von digitalen Transportnetzen im Bereich der Rundfunkanstalten sowohl hinsichtlich der Struktur als auch hinsichtlich der einzusetzenden Netztechnologien. Bei der Einführung neuer Netztechniken sollten gleichzeitig schon aus Kostengründen (Aufbau, Erneuerung, Erweiterung, Management) die bisher existierenden unterschiedlichen Netze im Rundfunkbereich (einschließlich der Spezialnetze für Rundfunkanwendungen) in möglichst einem Netz integrierbar sein und letztendlich auch integriert werden. Dies kann aber nur dann gelingen, wenn die erforderlichen neuen Infrastrukturen (computer-basierte Produktionseinrichtungen zusammen mit lokalen Computernetzen und Weitverkehrsnetzen) die Verbesserung der Produktionsabläufe unterstützen und gleichzeitig z.B. durch strikte Nutzung von Standard-Netztechnologie zur Kostenreduzierung beitragen.

Um die Nutzung von weltweit standardisierten Telekommunikationsnetzen für Rundfunkanwendungen in internen Netzen, in Campusnetzen (LANs) sowie in Weitverkehrsnetzen (WANs) hinsichtlich der betrieblichen und technischen Anforderungen und Möglichkeiten untersuchen zu können, hat das Institut für Rundfunktechnik (IRT) ein eigenes ATM-basiertes Hochgeschwindigkeitsnetz aufgebaut. Darüber hinaus hat das IRT eine ganze Reihe von Übertragungstests unter Einschluß von WANs durchgeführt und war wesentlich an Planung, Aufbau und Evaluierung des ARD HYBNET-Feldversuchs sowie weiterer Tests, Demonstrationen und Installationen im Rahmen nationaler und internationaler Projekte beteiligt.

Basierend auf diesen vom IRT durchgeführten Untersuchungen werden grundsätzliche Erkenntnisse, Resultate und Schlußfolgerungen aufgezeigt, die eine Nutzung der ATM-Technik in Rundfunknetzen sowohl für interne Netze als auch für Weitverkehrsnetze nahelegen.

2 Rundfunkwelt im Wandel

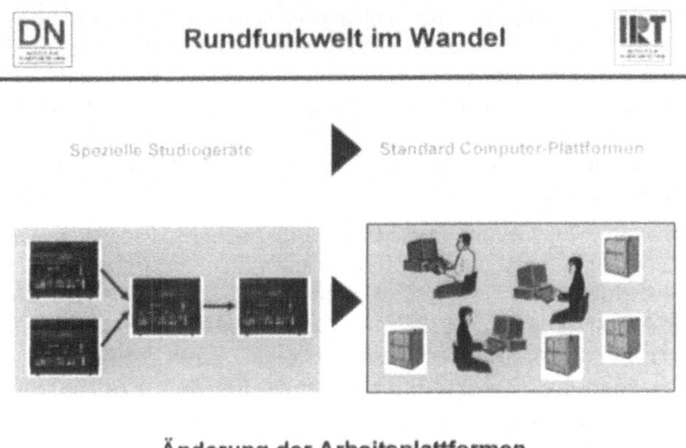

Spezielle Studiogeräte wie z.B. eine große Anzahl von Studiorecordern werden weitestgehend durch computer-basierte Systeme ersetzt werden, die auf Standardplattformen aufgebaut sind. Damit einhergehend werden sich auch die Workflows für die Bearbeitung, die Verteilung und schließlich bis hin zum Sendeablauf (Broadcast Server) verändern. Die bisher bei jedem Transport von Programmbeiträgen gegebene Echtzeitüberspielung wird mehr und mehr durch Datenaustausch zwischen Servern in Form von sehr schnellen Filetransfers abgelöst werden, da für die Zusammenstellung eines Programms nur in wenigen Fällen die Echtzeitübertragung von Live-Veranstaltungen notwendig ist. Der bisher in der Regel unidirektionale Datenfluß wird aufgrund der Vernetzung zwangsläufig auf bidirektionalen Verbindungen abgewickelt werden. Selbstverständlich muß aber das Zuspiel und Verteilnetz aus den genannten Gründen echtzeitfähig (unter Einhaltung der bisherigen Studioanforderungen an die Signalqualität) bleiben.

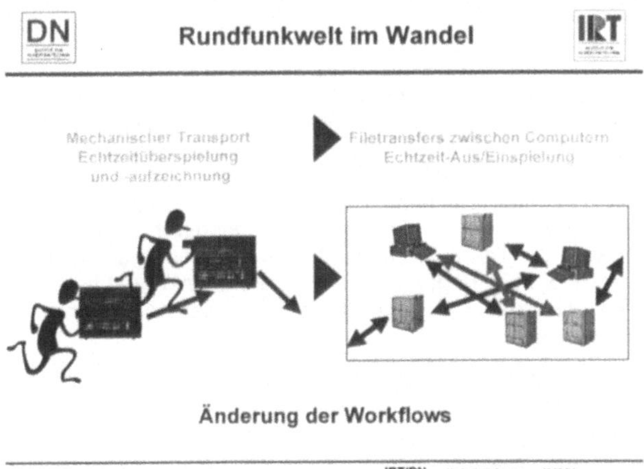

Real werden dabei die rundfunkspezifischen Transportmechanismen über unidirektionale Ton- und Bildleitungen mit den zugehörigen Kreuzschienen durch standardisierte Computernetze für die Zuspielung und Verteilung sowohl innerhalb von Studiokomplexen (Campus) als auch im Weitverkehr abgelöst werden. Dieser Prozeß ist im Tonrundfunkbereich bereits weitgehend abgeschlossen, während im Fernsehbereich -bedingt durch die wesentlich höheren Anforderungen an die Transfergeschwindigkeit - dieser Prozeß erst in Gang kommt. Dies gilt sicher zumindest längerfristig auch für andere Signalformen, die auf der 270 Mbit/s SDI-Technik aufbauen bzw. für digitale Tonsignale nach dem AES/EBU-Standard.

Um neuen Ansätzen für Produktion und Verteilung gerecht werden zu können, sind echte Netzlösungen erforderlich, die einen bidirektionalen Datenaustausch auf Computer-Standardnetzen ermöglichen. Geeignete Interfaces, die den direkten Übergang in Hochgeschwindigkeitsnetze wie z.B. FC- und ATM-Netze aus Produktions-Workstations oder –Servern erlauben, werden ebenfalls benötigt. Eine Reihe von Videocodecs und –speichermedien werden bereits mit FC-Interfaces für den Filetransfer sowie mit ATM-Interfaces angeboten, die neben dem Filetransfer auch die Echtzeitübertragung von komprimierten Videosignalen über ATM-Netze ermöglichen.

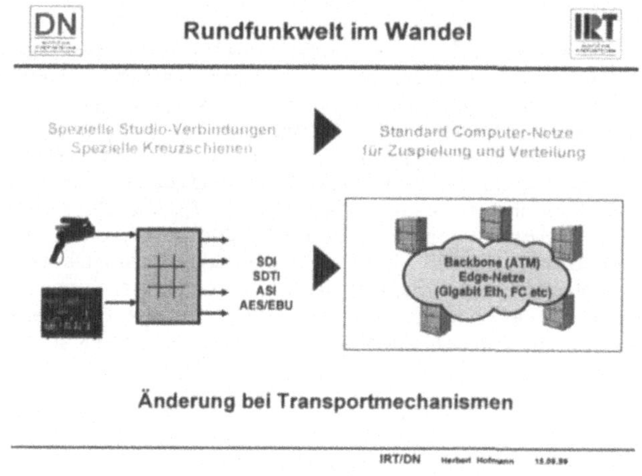

Den veränderten Arbeitsabläufen angepaßt, werden für einen einfachen und effektiven Betrieb zusätzlich globale integrierte Managementsysteme benötigt, die es gestatten, mit einem einzigen System den Transport von Files, Echtzeitsignalen und Daten von Endgerät zu Endgerät in übergreifenden Netzstrukturen (z.B. LAN–WAN–LAN) über Standverbindungen und wohl in zunehmendem Maße über nutzerfreundlich zu bedienende Wählverbindungen organisieren zu können. Dabei sind für Zuspiel- und Verteilnetze im Zusammenspiel sowohl die Transportkapazität und die Dienstgüte („Quality of Service") als auch die Protokolle und Einstellungen von Computerstationen und anderen Endgeräten (z.B. Codecs) für einen sicheren und der gewählten Dienstgüte entsprechenden Betrieb einzurichten und zu verwalten.

Als Konsequenzen für die neue Netztechnik im Rundfunkbereich können damit folgende Anforderungen festgehalten werden:

- ♦ Es werden **flexible Netze** benötigt, die für alle bereits vorhersehbaren Zugangsraten im Rundfunkbereich (zum Beispiel 3, 4, 6, 16, 25, 34, 50, 140, 270 Mbit/s u.a.) offen sind, wobei z.T. die zu transportierenden Datenraten von Anwendung zu Anwendung und selbst bei einer Anwendung über die Zeit variieren können.

- In der Regel **werden bidirektionale Verbindungen** zwischen Servern erforderlich sein, um den Datentransport abwickeln zu können.

- Es werden Netze und Protokolle für **Hochgeschwindigkeits-Filetransfers** einzusetzen sein, da extrem große Files (viele GByte) in kurzer Zeit übertragen werden müssen.

- Die leichte Skalierbarkeit des gesamten Netzes muß sowohl topologisch als auch bezüglich des Verkehrsaufkommens gewährleistet sein, um auf Programmerweiterungen sowie auf neue Techniken (z.B. HDTV) ohne totale Erneuerung der Infrastruktur reagieren zu können.

- Eine Reihe von Signalformaten (z.B. MPEG, DV, DVCpro, SX etc.) die insbesondere durch die Bitratenreduktion von Studiosignalen im TV-Bereich „generiert" werden, müssen über interne Netze und Weitverkehrsnetze **transparent transportiert** werden können, um die Kaskadierung von Codierprozessen nur zum Zweck des Übergangs zwischen Netzen (z.B. LAN-WAN) zu vermeiden.

- Übergänge zwischen LANs und WANs müssen generell möglichst nahtlos erfolgen, um den Einsatz von speziellen Gateways (in der Regel mit Performanceverlust) oder um wie bereits angedeutet Decodier/Codierprozesse nur für diese Netzübergänge vermeiden zu können.

- Schließlich werden **globale Managementsysteme** erforderlich sein, um End-zu-End-Verbindungen unter Einschluß der Verhandlung von Netzparametern sowie der Terminaladapter (z.B. Codecs) mit einer einheitlichen Systemoberfläche möglichst einfach aufbauen (Selbstwahl) und überwachen zu können.

Bezüglich der ökonomischen Aspekte ist hier anzumerken, daß Spezialnetze für die heute existierenden unterschiedlichen Rundfunkanwendungen mit entsprechenden Erweiterungen für digitalen Hörfunk und für digitales Fernsehen zumindest langfristig nicht mehr zu bezahlen sind. Hier kann die Nutzung allgemein verbreiteter und weltweit standardisierter Telekommunikationstechnik sicher zur Kostensenkung beitragen. Andererseits muß diese Standardnetztechnik in Verbindung mit Netzadaptern bzw. Endgeräten allerdings in der Lage sein, die z.T. recht rigiden Anforderungen an die Signalqualität bei der Echtzeitübertragung von Video- und Audiosignalen im Rundfunkbereich zu erfüllen.

3   ARD HYBNET®-Feldversuch

3.1   Hintergrund des HYBNET-Feldversuchs

Die Entwicklung des ARD-Zuspiel- und Verteilnetzes, das im wesentlichen einerseits dem Zubringen von Programmbeiträgen von den Landesrundfunkanstalten zum ARD-Sternpunkt Frankfurt und andererseits der Verteilung des ARD-Programms vom Sternpunkt Frankfurt zu allen Landesrundfunkanstalten dient, kann in einzelnen Phasen beschrieben werden.

Phase 0 (Vergangenheit):

Reines Analognetz zur Übertragung von PAL-Signalen in einer Sternstruktur für die Zuspielung und Verteilung von Programmbeiträgen bzw. Programmsignalen. Die Siganlübertragung erfolgte überwiegend über speziell für diese Rundfunkanwendung eingerichtete Richtfunkstrecken und wurde von der Deutschen Telekom AG (DTAG) betrieben. Dieses Netz ist bereits durch ein digitales Netz abgelöst (Phase 1).

Phase 1 (Heute):

Digitales Zuspiel- und Verteilnetz mit praktisch gleicher Topologie wie in Phase 0. Die Signalübertragung von Pal- bzw. SDI-Signalen erfolgt über SDH/STM-1-Richtfunkstrecken mit 140 Mbit/s. Betreiber ist wie zuvor die DTAG. Dieses Netz ist zur Zeit in Betrieb.

Phase 2 (Zukunft):

Der HYBNET-Ansatz sieht ein flexibles, digitales Netz in Ringstruktur vor, das zusätzlich durch Querverbindungen und lokale Ringe ergänzt ist. Die Grundkapazität soll durch einen SDH-Layer (u.U. unter Einbeziehen der DWDM-Technik) realisiert werden. Ein weiterer SDH-Layer dient dem Management der Grundkapazität nach jeweiligen Anforderungen sowie ein ATM-Layer der Abdeckung flexibler Bitratenzugänge und von Serververbindungen.

Eine ARD-Projektgruppe HYBNET hat daher - vor dem Hintergrund sich deutlich verändernder Anforderungen im Bereich der Produktion von TV- und Hörfunkprogrammen sowie bei der Zuspielung und Verteilung von Rundfunksignalen und der möglichen Vorteile eines sich entwickelnden Wettbewerbs zwischen Netzbetreibern in einem sich öffnenden Telekommunikationsmarkt - ein neues Zuspiel- und Verteilnetz für die ARD-Anstalten konzipiert und die Ausschreibung dieses Netzes vorbereitet. Dieser neue Netzwerkansatz basiert ausschließlich auf der Nutzung von standardisierter und weltweit genutzter Telekommunikationstechnik wie SDH und ATM.

Dabei soll die Auslegung des Netzes sicherstellen, daß alle heute benötigten Betriebsabläufe im Gesamtnetz der ARD (mit Ausnahme der Modulationszuführung zu den Sendern) abgebildet werden und darüber hinaus so flexibel ausgelegt und betrieben werden können, daß neue Anforderungen computer-basierter Produktions- und Sendeabläufe unter Einschluß von Echtzeitübertragung und Hochgeschwindigkeits-Filetransfer zwischen Rundfunkanstalten zukunftssicher unterstützt werden. Ein weiterer, sehr wesentlicher Gesichtspunkt bei der Projektierung dieser neuen Netzinfrastruktur ist die Vermeidung der Abhängigkeit von einem einzigen Netzbetreiber.

Eine Vorstellung zum Umfang des geplanten und inzwischen ausgeschriebenen Netzes gibt eine Skizze möglicher Topologien mit STM-16-Verbindungen im Gesamtring und STM-4-Verbindungen in den lokalen Ringen.

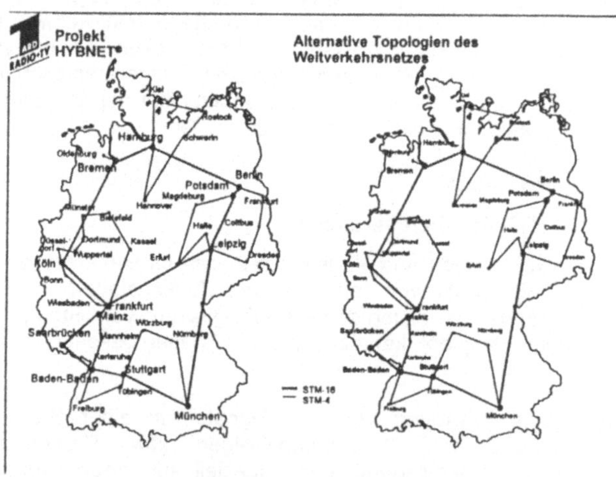

3.2 Das HYBNET-Feldversuchsnetz

Im Rahmen dieses ARD-Projekts wurden vom IRT in Kooperation mit dem HYBNET-Projekt, mit Netzbetreibern, mit Geräteherstellern sowie mit dem BR, dem NDR und den ARD-Sternpunkten Frankfurt ein Feldversuchsnetz aufgebaut, auf dem betriebsnahe Weitverkehrstests durchgeführt werden konnten, um über umfangreiche Untersuchungen die Erfüllung sowohl aller betriebstechnischen Anforderungen als auch insbesondere die Erfüllung der Anforderungen an die Signalqualität für Zuspielung und Verteilung von

Echtzeitsignalen mit den für das neue ARD-Netz als Basistechnologie angesetzten Telekommunikationstechniken zu erproben.

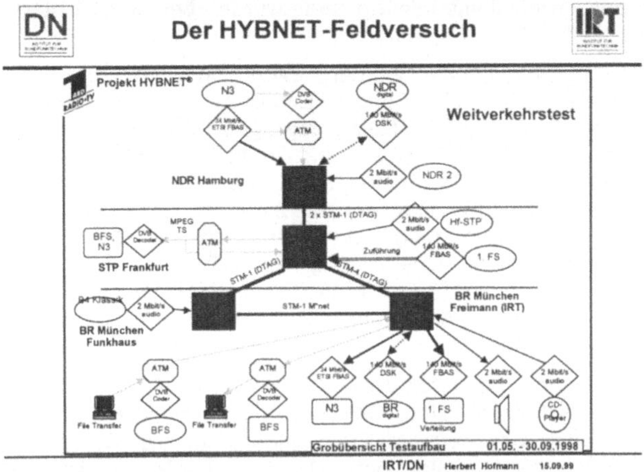

Das Versuchsnetz für den HYBNET-Feldversuch war unter Einschluß von transparenten Übertragungssegmenten verschiedener Netzbetreiber aufgebaut, die über SDH-Netzelemente (ADMs) zu einem Weitverkehrsnetz verschaltet waren, so daß über ein entsprechendes Netzmanagementsystem (NMS) im IRT die verfügbare Übertragungskapazität verwaltet werden konnte. Über dieses optische Netz mit ca. 1400 km Länge waren die ARD-Standorte Sternpunkte-Frankfurt (FFM), Hamburg (NDR), München-Freimann - IRT (M1) und München-Funkhaus (M2) verbunden. Die Netztopologie sowie die Transportkapazität der verschiedenen Segmente sind aus Bild 1 ersichtlich.

Die einzelnen Strecken wurden von der Deutschen Telekom AG (DTAG) und vom lokalen Citynetzbetreiber in München (M"net) mit Bitraten von 155 Mbit/s (STM-1) bzw. 622 Mbit/s (STM-4) zur Verfügung gestellt.

Die über nahezu ein halbes Jahr durchgeführten Untersuchungen und Messungen umfaßten die Echtzeitübertragung von Ton- und Bildsignalen über SDH und ATM als auch den Austausch von Ton- und Bildfiles zwischen Servern über ein ATM-Overlaynetz. Das IRT war mit der Durchführung der Übertragungstests für Rundfunkanwendungen und mit der Auswertung der Untersuchungsergebnisse beauftragt

Im Rahmen dieser Untersuchungen wurde auch das Zusammenwirken und Verhalten von Netzen beobachtet, die mit unterschiedlichen Taktkonzepten (DTAG und M"net) für die SDH-Elemente betrieben wurden.

Das Managementzentrum mit einem NMS für den HYBNET-SDH-Layer sowie mit einem NMS für den ATM-Layer des Feldversuchsnetzes war im IRT installiert. Der Inbetriebnahme des gesamten HYBNET-Versuchsnetzes sowie das Management der Verbindungen und aller Applikationen wurde von Mitarbeitern des IRT in Kooperation mit den beteiligten ARD-Anstalten nach einer jeweils sehr kurzen Einführung selbständig durchgeführt.

Eine ganze Reihe von Rundfunkanwendungen wurde auf dem beschriebenen HYBNET-Versuchsnetz implementiert und erprobt. Die einzelnen Rundfunkanwendungen wurden so ausgewählt, daß möglichst alle Funktionen des täglichen Betriebsablaufs im Zuspiel- und Verteilnetz der ARD abgebildet und untersucht werden konnten.

Zusätzlich wurden neue Anwendungen, die in Zukunft in steigendem Maße zu erwarten sind, ausgewählt und implementiert.

3.3   ATM Rundfunkanwendungen

Der abzusehend zunehmende Einsatz von ATM für den Transport von Echtzeitsignalen sowie für Hochgeschwindigkeits-Filetransfers wurde bei den Untersuchungen durch entsprechende Testinstallationen berücksichtigt.

DVB-codierte TV-Programmsignale wurden dabei unter Nutzung von ATM-Adaptern verschiedener Hersteller (CELLWARE und ATEcom) mit Bitraten bis zu 15 Mbit/s über den ATM-Adaptation-Layer AAL1 im ATM-Netz übertragen. Die gleichen ATM-Adapter wurden auch für die Übertragung von MPEG-2 4:2:2 Profile@ML mit Bitraten bis zu 55 Mbit/s eingesetzt. Videoserver mit FC-Plattenarrays für Hochgeschwindigkeits-Filetransfers konnten unter Nutzung optimierter Transportprotokolle der Firma *ATM*edia Transferraten bis zu 85 Mbit/s für die Übertragung von Videofiles auf dem ATM-Netz erreichen. Entsprechende Adapter für die Übertragung von AES/EBU-Signalen ermöglichten das Mappen von Tonsignalen auf ATM, wobei in diesem Fall die benötigte Übertragungsrate nicht wie bei der SDH-Anbindung an Zugangsraten der SDH-Hierarchie durch Codierung der Signale angepaßt werden muß.

Selbstverständlich ist auch die Verbindung lokaler Computernetze (LANs) Teil der neuen Netzszenarios der Rundfunkanstalten. Daher wurde im HYBNET-Feldversuch sowohl die LAN-Emulation als auch der neue MPOA-Standard für die Optimierung des Verkehrs zwischen Computerstationen in einem übergreifenden ATM-Netz einbezogen.

Für den zukünftigen Betrieb und die Abwicklung von ENG-Anwendungen ist das nahtlose Zusammenwirken von öffentlichen ATM-Netzen und ATM-Netzen der Rundfunkanstalten von eminenter Bedeutung. Aus diesem Grund wurde der Übergang von und zum öffentlichen ATM-Netz der DTAG (ATM-Breakout) einschließlich von Selbstwählverbindungen (SVCs) ebenfalls getestet.

Darüber hinaus konnte das gesamte ATM-Netz, d.h. alle in das Netz eingebauten FORE ATM-Switches über ein von FORE zur Verfügung gestelltes Managementsystem, das im IRT installiert war, bedient und überwacht werden. Selbst das Aufsetzen und die Kontrolle der an die FORE ATM-Switches angeschlossenen ATM-Adapter konnten über dieses Management durchgeführt werden. Der Vollständigkeit halber sei erwähnt, daß sowohl ATM-Switches der Firma FORE als auch ATM-Switche der Firma NEWBRIDGE (in Verbindung mit einem NEWBRIDGE Managementsystem) im Lauf der Testphase erfolgreich eingesetzt werden konnten.

3.4   Testergebnisse

Als Zusammenfassung aller ATM-Tests, die über das HYBNET-Feldversuchsnetz durchgeführt werden konnten, ist festzuhalten, daß alle über ATM laufenden Rundfunkanwendungen erfolgreich demonstriert und evaluiert werden konnten. Selbst die Koexistenz von Echtzeitanwendungen mit hohen Ansprüchen an die Signalqualität, die gleichzeitig mit schnellen Filetransfers auf den gleichen Verbindungen zwischen den ATM-Switches liefen, verursachte keinerlei Probleme im Testnetz.

Selbstverständlich müssen wir bei der Nutzung von standardisierten Telekommunikationsnetzen die Netzwerke und deren Verhalten so akzeptieren, wie sie sind. Dies setzt voraus, daß die eingesetzten Netzwerkadapter bzw. die Netzabschlüsse der eingesetzten Codecs mit den bei der SDH-Technik unumgänglich auftretenden Pointeraktionen bzw. mit der bei der ATM-Technik auftretenden Cell Delay Variation (CDV) zurechtkommen müssen. Aufgrund der durchgeführten Untersuchungen und Messungen kann festgestellt werden, daß die durch die SDH-Technik bedingten Pointeraktionen sowie der damit verbundene Wander (langsame Laufzeitänderung) durch eine Taktverkopplung der Netzelemente bei der jeweiligen Rundfunkanstalt auf einen gemeinsamen Takt - wie z.B. GPS - ganz wesentlich reduziert werden kann. Falls die Adapter geeignet entwickelt wurden, können die strengen Anforderungen an die Signalqualität von TV-Studiosignalen bei der

Echtzeitzuspielung von Bild- und Tonsignalen über ATM-Verbindungen auf einer SDH-Infrastruktur erfüllt werden.

Die bereits sehr hohen Transferraten, die beim Filetransfer unter Nutzung des *ATM*edia-Protokolls erreicht werden konnten, waren durch die maximale Transferrate von und auf die Speicherplatten des FC-Plattenarrays begrenzt und nicht durch das Protokoll oder das ATM-Netz.

4 IRT-Demonstration auf der SYSTEMS 98

Auf der Computermesse Systems 98 in München demonstrierte das IRT – im Bereich „Systemvernetzung" – in Zusammenarbeit mit der Münchner Firma Huber&Feneberg sowie den Citynetprovider M"net verschiedene Rundfunkanwendungen auf einem realen Weitverkehrsnetz (622 Mbit/s), das zwischen IRT und dem Austellungsgelände installiert war.

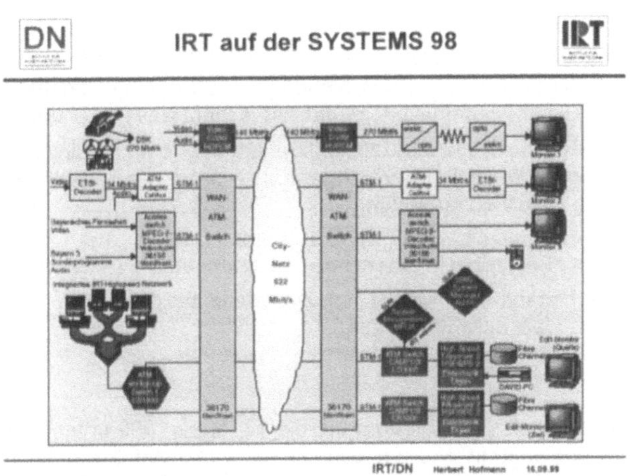

4.1 Rundfunkanwendungen

Die Demonstration umfaßte die Echtzeitübertragung von Video- und Radiosignalen mit Studioqualität, die Verteilung von MPEG-codierten TV-Programmen sowie die Verteilung von Rundfunkprogrammen über ATM. Zusätzlich wurde der Hochgeschwindigkeits-Filetransfer (Inhalt von drei CDs, d.h. 2,8 GByte über das komplette Netz vom Messestand über das WAN zum IRT und zurück) innerhalb von ca. 3 Minuten vorgeführt. Auch der Austausch von Radio-Programmaterial zwischen zwei Servern konnte unter Einsatz der DIGAS-Software über die ATM-Verbindungen im Weitverkehrsnetz und im internen IRT-Netz gezeigt werden.

Das komplette Management dieses WANs, des IRT-Intranets sowie anderer am Messestand aufgebauter Netze erfolgte unter Einsatz von hochentwickelten Managementsystemen für die Installation und Administration von Verbindungen über alle Netzebenen.

4.2 Erfahrungen aus Aufbau und Betrieb dieses Netzes

Diese Demonstration zeigte sowohl den beteiligten Institutionen und Firmen, daß ein solches Netzwerk in kürzester Zeit geplant und installiert (plug-and-play ohne Einschränkungen) werden kann. Der Betrieb solcher Netze bietet dank der verfügbaren fortgeschrittenen Managementsysteme die benötigte Flexibilität für Einrichtung und Betrieb aller demonstrierten Rundfunkanwendungen. Die Video- und Audioübertragung war fehlerfrei über die gesamte Ausstellungszeit. Selbst nach einem (unbeabsichtigten) Ausfall der gesamten Netzversorgung am Ausstellungsstand war das gesamte Netz einschließlich aller laufenden Anwendungen nach ca. 4 Minuten wieder in Betrieb wobei keine Operatoreingriffe nötig waren.

5 IRT/EBU ATM-Tests

5.1 IRT/EBU ATM-Tests

Im März 1999 wurde nach einem ersten Test im September 1998 eine weitere ATM-Testserie zwischen IRT und EBU Genf vereinbart und durchgeführt, um folgende Ziele zu erreichen:

> ➢ Einbeziehung von LAN-ATM-Netzen

> ➢ Testen der unidirektionalen Verteilung (point-to-multipoint) von TV-Programmen über eine unidirektionale 34-Mbit/s-ATM-Verbindungen in einer Kombination von terrestrischem SDH-Netz und Satellitennetz

> ➢ Testen der Multiplexübertragung mehrerer TV-Programmsignale über eine ATM-Verbindung in einer Kombination von terrestrischem SDH-Netz und Satellitennetz

> ➢ Testen der ATM-Managementverbindungen über eine bidirektionale 2 Mbit/s-Verbindung in einer Kombination von terrestrischem SDH-Netz und Satellitennetz

> ➢ Testen des Filetransfers von Video/Audio-Files über ein kombiniertes SDH/Satelliten-Netz mit einer Round-Trip-Verzögerung von > 0,5 Sekunden infolge der bidirektionalen Satellitenverbindung

> ➢ Testen des Einsatzes von MPEG 4:2:2 Codecs mit ATM-Interfaces von verschiedenen Herstellern in einer realen Netzumgebung (ATM-Verbindung)

> ➢ Test des Verhaltens von MPEG 4:2:2 Codecs bei Auftreten hoher Bitfehlerraten (Reduktion der Uplink-Sendeleistung)

5.2 Testszenario

Die erweiterten Tests wurden im Zeitraum 08. bis 12. März 1999 unter Beteiligung des IRT, der ARD-Sternpunkte Frankfurt und der EBU-Zentrale in Genf durchgeführt. Die Deutsche Telekom AG (DTAG) stellte für diesen Versuch eine STM-1-Strecke zwischen IRT und ARD-Sternpunkte Frankfurt zur Verfügung.

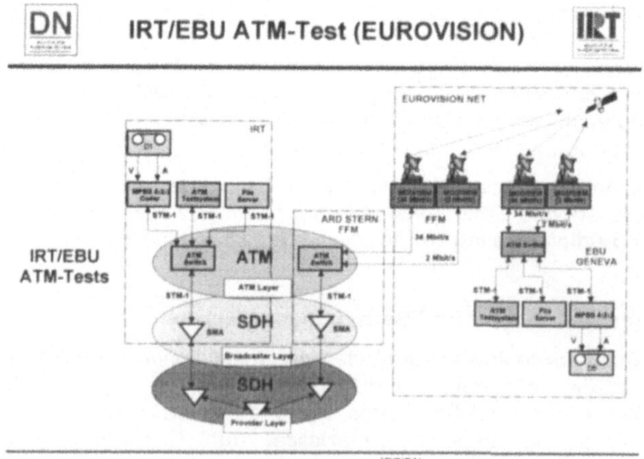

Die im Feldversuch eingesetzten Geräte waren:

♦ 2 NEWBRIDGE CS 1000 Workgroup Switches

♦ 3 NEWBRIDGE 36150 Access Switches

♦ NEWBRIDGE 46120 Managementsystem

♦ HP 75000 BISDN ATM Generator/Analyzer

♦ ADTECH AX/4000 ATM Generator/Analyzer

Die für die Bild/Tonübertragung verwendeten MPEG 4:2:2 P@ ML Codecs mit direktem ATM-Zugang (STM-1) waren:

♦ HiTV (ECI Telecom)

♦ M2T300 (Tektronix)

♦ D1-Interfacekarte für den Mainstreet Xpress 36150 Access Switch (Newbridge)

Für den Filetransferversuch stellte das IRT 2 Filserver auf der Basis von PentiumII-NT Workstations mit je einem FC-Disk-Array zur Verfügung. Transferraten bis zu 130 Mbit/s können unter Einsatz des optimierten ATP-Protokolls der Firma *ATMe*dia mit dieser Anordnung über eine ATM-STM-1-Verbindung erreicht werden

Die Einrichtung der 34-Mbit/s-Modems und der 2-Mbit/s-Modems für die Satellitenverbindungen wurde durch die EBU und die ARD-Sternpunkte Frankfurt vorgenommen. Das Management der gesamten ATM-Installation im gesamten Versuchsnetz wurde vom IRT aus gesteuert.

5.3 Die wesentlichen Versuchsergebnisse

♦ Nach Einrichtungen der Satellitenverbindungen konnten die übertragenen TV-Programmsignale in Genf einwandfrei empfangen werden. Dabei waren keinerlei Neueinstellungen an den nach Genf transportierten ATM-Switches oder MPEG-Codecs vorzunehmen.

♦ Der Filetransfer konnte von beiden Standorten (IRT und EBU) mit einer mittleren Transferrate von ca. 1.3 Mbit/s auf der E1-Verbindung (1,7 Mbit/s CBR-ATM-Verbindung) erfolgen, wobei auf der gleichen Strecke zusätzlich die Managementinformationen für ATM und die TV-Codecs transportiert wurden.

♦ Die für die Video/Audioübertragung verwendeten Bitraten sowie die Anzahl der über die 34-Mbit/s-Verbindung übertragenen TV-Programmsignale konnte ohne Eingriff in das ATM-Management allein über das Codec-Management gesteuert werden.

♦ Das Management (Anzeige der in Genf stationierten ATM-Netzelemente einschließlich Statusinformationen und Managementaktionen) konnte über die Satellitenstrecke aus dem IRT erfolgen

♦ Die via LAN, SDH-WAN und Satellitenstrecke übertragenen TV-Programmsignale (bis zu 3 Programme parallel) konnten in Genf problemlos auf einem D5-Studiorecorder aufgezeichnet werden.

♦ ATM-Messungen (im IRT) über die Gesamtstrecke konnten über eine E1-ATM-Schleife in Genf durchgeführt werden.

♦ Die Signalqualität der DSK-Signale (Jitter und Wander) wurde nach Übertragung in Genf mittels VM700 von Tektronix ermittelt. Die Ergebnisse wurden aufgezeichnet.

♦ Durch Reduzierung der Uplink-Sendeleistung der 34-Mbit/s-Satellitenverbindung in Frankfurt konnte das Verhalten der verschiedenen TV-Codecs (abhängig von dem jeweils implementierten Adaptation-Layer bzw. Fehlerkorrekturalgorithmus) erfaßt werden. Der TV-Codec mit AAL-1 und standardisierter Fehlerkorrektur zeigte dabei erwartungsgemäß bei weitem bessere Ergebnisse als die TV-Codecs mit AAL-5 (ohne Fehlerkorrektur)

♦ Der Filetransfer funktionierte praktisch bis zum Zusammenbruch der E1-Satellitenverbindung. Mit zunehmender Bitfehlerrate sank die erreichbare Transfergeschwindigkeit auf ca. 50% (kurz vor Abbruch der Verbindung).

♦ Die volle Funktionsfähigkeit einer derartigen Netzanordnung für die Übertragung und das auf der ATM-Schicht durchgeführte Multiplexen der MPEG-4:2:2P@ML-TV-Datenströme auf einer unidirektionalen 34-Mbit/s-Verbindung konnte demonstriert und nachgewiesen werden. Ebenso konnte der funktionierende schnelle Filetransfer bei gleichzeitig aufgesetzten Managementverbindungen in einer bi-direktionalen E1-Verbindung über das gesamte Netz demonstriert und evaluiert werden. Selbst bei den hohen Round-Trip-Verzögerungen von über 0,5 Sekunden war das Zusammenwirken der gesamten ATM- und Codec-Einrichtungen sicher und ohne Probleme gegeben.

6 Projektarbeiten mit Bezug auf ATM-Netze

6.1 UNI-TV

Im Rahmen dieses Projektes werden als vernetzte Produktion Vorlesungsveranstaltungen der UNI Erlangen und der TU München zu einer Fernsehsendung im α-Kanal des Bayerischen Rundfunk (BR) aufbereitet.

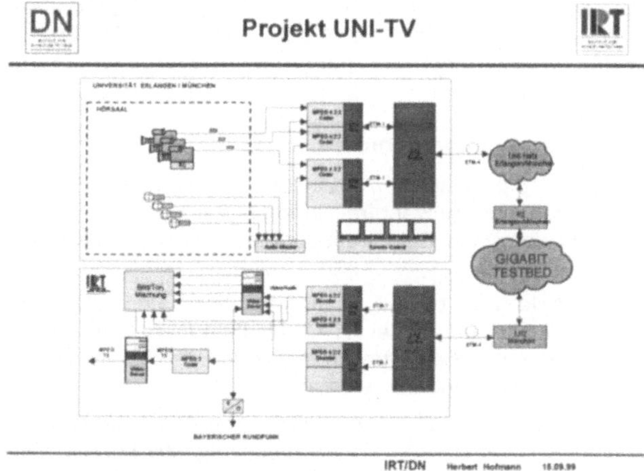

Dazu werden Kamera- und Tonsignale aus den Hörsälen in Erlangen und München MPEG-codiert (MPEG-2 4:2:2) und über das Gigabit Testbed Süd via Leibniz-Rechenzentrum zum IRT übertragen. In einem speziell für dieses Projekt im IRT aufgebauten Bearbeitungsstudio werden Bild- und Tonsignale kontinuierlich aufgezeichnet und durch Mitarbeiter des BR entweder on-line oder off-line zur Fernsehsendung aufbereitet. Die Beiträge des IRT in diesem Projekt liegen schwerpunktmäßig bei der Codierung, Übertragung und Bearbeitung der Bild- und Tonsignale:

♦ Beratung und Planung für die Einrichtung der Studiotechnik (Hörsaal und Technikraum) bei den Universitäten

♦ Beratung und Planung der übertragungstechnischen Einrichtungen für Video- und Audiosignale bis zur Übergabe an den jeweiligen ATM-Switch auf der Sendeseite

♦ Planung und Einrichtung der video- und audiotechnischen Einrichtungen im IRT

♦ Bereitstellung und Betrieb der ATM-Einrichtungen auf der Empfangsseite (IRT)

♦ Decodierung der ankommenden Video- und Audiosignale

133

- Überspielung und Aufzeichnung der Video- und Audiosignale auf Videoserver

- Übergabe der Video- und Audiosignale an den Bayerischen Rundfunk über IRT-eigene Übertragungsstrecken

- Übernahme des fertigen Programmsignals vom Bayerischen Rundfunk über IRT-eigene Übertragungsstrecke

- Aufzeichnung des Programmsignals auf Videoserver

- Übergabe der fertiggestellten Sendungen an die Rechenzentren der beteiligten Universitäten

6.2 Datenhochgeschwindigkeitsnetze (DHGN)

Das Projekt DHGN-DigVid hat zum Ziel, verschiedenste hochmoderne Technologien zusammenzuführen und damit die technische Grundlage für neue Dienste und Produkte im Bereich der Film/Fernsehproduktion sowie Multimedia zu legen. Bei den angesprochenen Technologien handelt es sich um:

- Optische Netze, welche im Lichtwellen-Multiplex die Echtzeit-Übertragung von TV-Studiosignalen ohne Verluste relevanter Information und den schnellen Filetransfer extrem großer Bilddatenfiles mit höchsten Datenraten gestatten;

- Digitalisierung der Fernsehproduktion mit gleichzeitiger Glasfaserverkabelung der verschiedenen Studios in den Produktionsbetrieben;

- Speicherung und schnelle Ausgabe von digitalen Videosignalen höchster Qualität mit Hilfe von Video-/Multimedia-Servern;

- Anpassung der Übertragungs- und Protokolltechnik zur Nutzung von Hochgeschwindigkeitsnetze für die verteilte Produktion im Film-, Fernseh- und Multimediabereich an produktionstechnische Anforderungen sowie Schaffung nahtloser Übergänge zwischen lokalen Studionetzen und im Hochgeschwindigkeitsnetzen im Weitverkehrsbereich,

- Virtuelle Studiotechnik;

- Pilot-Fernsehproduktionen, Künstlerproben und Einsatz der virtuellen Studiotechnik in verteilter Technik (elektronische Zusammenführung von multi-lokalen Produktionen, z. B. Probe eines Orchesters in München unter Leitung eines Dirigenten in Wien in einem Dekor aus dem virtuellen Studio des IRT).

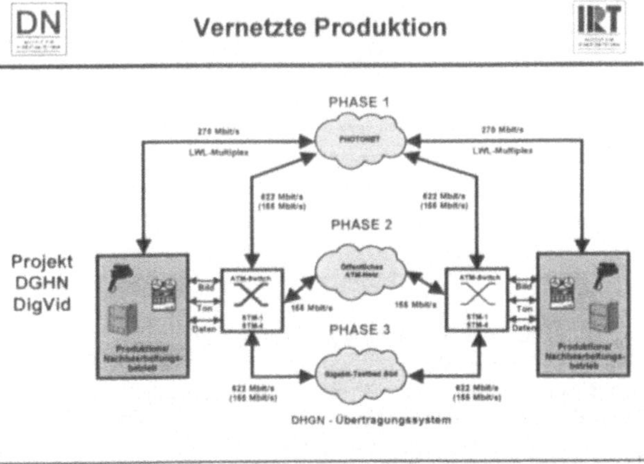

Bei diesem länderübergreifenden Projekt, das von der Bayerischen Forschungsstiftung gefördert wird, ist das IRT „Prime Contractor". Neben dem IRT sind beteiligt der BR, der ORF in Wien, die Fraunhofer-Einrichtung Systeme der Kommunikationstechnik sowie R&S. Hier wird das IRT neben der Projektorganisation und der Übertragungstechnik zusammen mit den Kollegen der Fraunhofer-Einrichtung 270 Mbit/s-SDI über ATM sowie das Mapping eines Lossless codierten SDI-Signals mit variabler Bitrate in ATM konzipieren und als Prototyp (ATM-Adapter) implementieren.

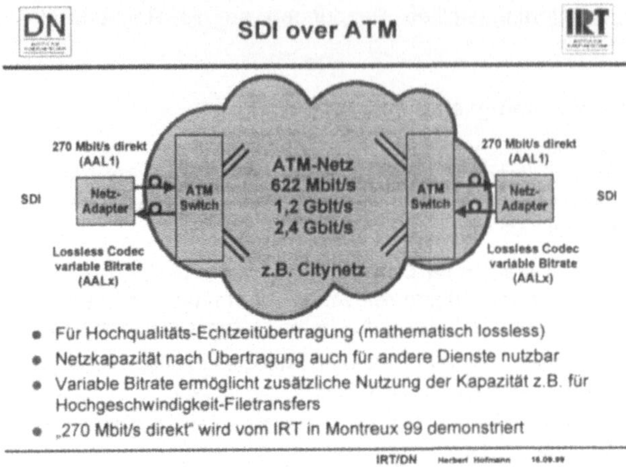

6.3   GIGAMEDIA

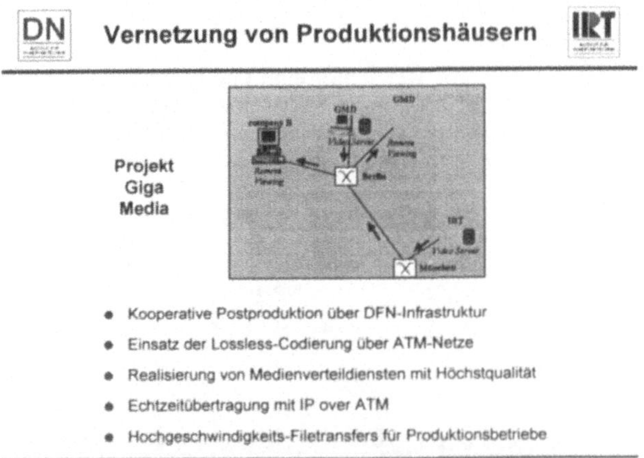

Dieses Projekt hat zum Ziel, die Nutzung von Anwendungen zur kooperative Postproduktion von Film und Video in der Gigabit-Testbed-Infrastruktur des DFN zu untersuchen. Dazu werden Anwendungs- und Netzinfrastrukturkomponenten zur Realisierung von Multimedia-Diensten mit selektierbaren Dienstqualitäten über das DFN Gigabit-Testbed realisiert. Diese Komponenten werden zum Aufbau eines verteilten virtuellen Film- und Fernsehstudios durch Kopplung der Produktionsumgebungen von Produktionsbetrieben eingesetzt. Das Gigabit-Testbed ermöglicht hierbei den kooperativen Einsatz von gemeinsamer Hard- und Softwaretechnologie der angeschlossenen Institutionen. Für das verteilte virtuelle Film- und

Fernsehstudio werden Konzepte für Medienverteildienste inklusive Previewing und Prefetching zur effizienten Nutzung von hochratigen Verkehrsverbindungen in heterogenen Umgebungen, insbesondere in Umgebungen mit auf Fibre Channel basierenden Studio-Infrastrukturen und hochratigen ATM-Weitverkehrsverbindungen zwischen den Studios, entwickelt. Der Beitrag des IRT ist fokusiert auf die SDI-Übertragung über ATM und die Qualitätssicherung der übertragenen Signale.

7 Zusammenfassung

Unter Berücksichtigung aller im IRT durchgeführter Tests kann eindeutig festgestellt werden, daß die heute verfügbare ATM-Technik geeignet ist, praktisch alle funktionalen Anforderungen für einen weiten Bereich von Rundfunkanwendungen einschließlich Echtzeitübertragung und Hochgeschwindigkeits-Filetransfer abzudecken. Der wirtschaftlich sinnvolle Einsatz von Netzressourcen kann durch die bei ATM mögliche Anpassung der Übertragungsraten sowie der erforderlichen Dienstegüte an den jeweiligen Bedarf für eine spezielle Rundfunkanwendung optimiert werden. Entsprechende Managementsysteme ermöglichen die einfache Einrichtung und Überwachung von ATM-Netzen unter Einschluß der Selbstwahl, wobei das Management sowohl dezentral als auch zentral erfolgen kann.

Zahlreiche durch das IRT ausgeführte Tests zur erreichbaren Signalqualität im Verlauf von Echtzeitübertragungen haben erwiesen, daß selbst die Einhaltung rigoroser Signalparameter für die Zuspielung zwischen Studios über ATM-Verbindungen garantiert werden kann. Dies allerdings unter der Voraussetzung, daß die Netzadapter (entweder als externe Geräte oder als Bestandteil der Codecs oder Interfaces für Video- und Audiosignale) entsprechend ausgelegt sind. Wenn (in einigen wenigen Experimenten) Probleme auftraten, so waren diese in der Regel durch die Überschreitung von Grenzwerten z.B. bei der Phasendrift von Videosignalen bzw. beim PCR-Jitter in MPEG-Transport Streams bedingt. Eine sorgfältige Analyse der auftretenden Probleme und die anschließende offene Diskussion mit den Herstellern führten in der Regel zu einer schnellen Behebung der Probleme.

Nach allen bisherigen Erkenntnissen ist die ATM-Technik gut geeignet, um eine Erweiterunge der Funktionalität sowie die Verbesserungen der Ökonomie neuer Rundfunknetze erreichen zu können und zwar aus folgenden Gründen:

♦ Verfügbarkeit steigender Transferraten für Basisverbindungen und Anwendungsinterfaces (z.Zt. bis 2,4 Gbit/s) sowie des direkten Übergangs von ATM-Backbone-Verbindungen auf DWDM-Systeme mit noch weit höheren Transferraten.

♦ Deutlich sinkende Kosten für ATM-Einrichtungen.

♦ Verfügbarkeit umfassender Management-Werkzeuge.

♦ Vorteil von nahtlosen Übergängen zwischen lokalen Netzen und WANs kombiniert mit der Möglichkeit des Selbstwahlverkehrs zwischen Endstellen.

Die ebenfalls zunehmende Verfügbarkeit und Nutzung von DWDM-basierten optischen Verbindungen und Netzen wird die Flexibilität von ATM-Netzen weiter erhöhen insbesondere wenn höchste Transferkapazitäten zum einen für den gleichzeitigen Transport mehrerer Hochqualitäts-Videosignale (z.B. unkomprimierte 270 Mbit/s-DSK-Übertragung über ATM) für die vernetzte Produktion und zum anderen für den Höchstgeschwindigkeits-Filetransfer (mit Bitraten im Bereich bis 622 Mbit/s) zwischen Produktionseinrichtungen an unterschiedlichen Standorten gefragt sind.